STAR WARS

LEXIKON DER HELDEN, SCHURKEN UND DROIDEN

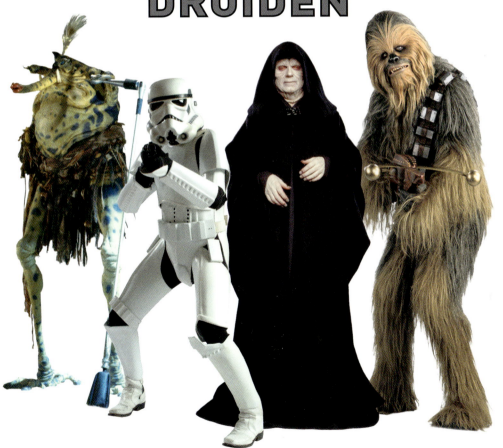

Text: **Simon Beecroft**

INHALT

WER PLANTE DEN ANGRIFF auf den ersten Todesstern? Welcher ungehobelte Fremdweltler verlor in der Cantina von Mos Eisley einen Arm? Die *Star Wars*-Galaxis ist voller Helden, Schurken, Aliens, Kreaturen und Droiden. Alle haben sie ihren Anteil an den Ereignissen der letzten Tage der Galaktischen Republik, den Schlachten der Klonkriege und an der verzweifelten Rebellion gegen das Imperium.

2-1B 4

4-LOM 5

8D8 6

Aayla Secura 7

Acklay 8

Adi Gallia 9

Admiral Ackbar 10

Admiral Ozzel 11

Admiral Piett 12

Agen Kolar 13

Anakin Skywalker 14

AT-AT-Pilot 15

AT-ST-Pilot 16

Aurra Sing 17

A-Flügler-Pilot 18

B'omarr-Mönch 19

Bail Organa 20

Bantha 21

Baron Papanoida 22

Barriss Offee 23

Kampfdroide 24

Beru Lars 25

Bib Fortuna 26

Boba Fett 27

Boga 28

Boss Nass 29

Bossk 30

Boushh 31

Bultar Swan 32

Buzz-Droide 33

C-3PO 34

WO FINDE ICH WAS?
Einen alphabetisch geordneten Überblick bietet das Register ab S. 206.

Captain Antilles 35

Captain Needa 36

Captain Panaka 37

Captain Typho 38

Kanzler Valorum 39

Chewbacca 40

Chi Eekway Papanoida 41

Häuptling Chirpa 42

Cin Drallig 43

Cliegg Lars 44

Klonpilot 45

Klonsoldat (Phase I) 46

Klonsoldat (Phase II) 47

Coleman Trebor 48

Colo-Klauenfisch 49

Commander Bacara 50

Commander Bly 51

Commander Cody 52

Commander Gree 53

Commander Neyo 54

Count Dooku 55

Krabbendroide 56

Darth Maul 57

Darth Vader 58

Todessternschütze 59

Depa Billaba 60

Taurücken 61

Dexter Jettster 62

Dr. Evazan 63

Droideka 64

Droopy McCool 65

Zwergspinnendroide 66

Eeth Koth 67

Elan Sleazebaggano 68

EV-9D9 69

Even Piell 70

Figrin D'an 71

FX-Medidroide 72

Gamorreaner-Wache 73

Garindan 74

General Cracken 75

General Grievous 76

General Madine 77

General Rieekan 78

General Veers 79

Geonosianischer Soldat 80

GH-7-Medidroide 81

Großmoff Tarkin 82

Greeata 83

Greedo 84

Feuerhageldroide 85

Han Solo 86

Spürspinnendroide 87

Hoth-Rebellensoldat 88

IG-88 89

Imperialer Würdenträger 90

Imperiale Droiden 91

Imperialer Sondendroide 92
Imperialer Ehrengardist 93
Verhördroide 94
J'Quille 95
Jabba der Hutt 96
Jan Dodonna 97
Jango Fett 98
Jar Jar Binks 99
Jawa 100
Jocasta Nu 101
Ki-Adi-Mundi 102
Kit Fisto 103
Ko Sai 104
Lama Su 105
Lando Calrissian 106
Lobot 107
Logray 108
Luke Skywalker 109
Luminara Unduli 110
Lyn Me 111
Mace Windu 112
MagnaWächter 113
Malakili 114
Mas Amedda 115
Max Rebo 116
Moff Jerjerrod 117
Mon Mothma 118
Muftak 119
Mustafarianer (Norden) 120
Mustafarianer (Süden) 121
Naboo-Wache 122
Nexu 123
Nien Nunb 124
Nute Gunray 125
Obi-Wan Kenobi 126
Octuptarra-Droide 127
Oola 128
OOM-9 129
Opee-Killerfisch 130
Oppo Rancisis 131
Owen Lars 132

Padmé Amidala 133
Palpatine 134
Passel Argente 135
Pau'aner-Krieger 136
Droidenpilot 137
Boxendroide 138
Plo Koon 139
Podrennfahrer 140
Poggle der Geringere 141
Polis Massaner 142
Ponda Baba 143
Energiedroide 144
Prinzessin Leia 145
Königin Apailana 146
Qui-Gon Jinn 147
R2-D2 148
R4-G9 149
R4-P17 150
R5-D4 151
Rancor 152
Rappertunie 153
Rebellensoldat 154
Reek 155
Rune Haako 156
Rystáll 157
Sabé 158
Saelt-Marae 159
Saesee Tiin 160
Salacious Crumb 161
San Hill 162
Sando-Aquamonster 163
Sandtruppler 164
Sarlacc 165
Scouttruppler 166
Sebulba 167
Sicherheitsdroide 168
Sei Taria 169
Shaak Ti 170
Shmi Skywalker 171
Stoßtruppler 172

Shu Mai 173
Sio Bibble 174
Sly Moore 175
Schneetruppler 176
Weltraumschnecke 177
Stass Allie 178
Sturmtruppler 179
Sun Fac 180
Superkampfdroide 181
Sy Snootles 182
Tarfful 183
Tauntaun 184
Teebo 185
Ten Numb 186
Tessek 187
TIE-Jäger-Pilot 188
Tion Medon 189
Tusken-Räuber 190
Ugnaught 191
Utai 192
Wampa 193
Wat Tambor 194
Watto 195
Wicket W. Warrick 196
X-Flügler-Pilot 197
Yaddle 198
Yarael Poof 199
Yarna 200
Yoda 201
Yuzzum 202
Zam Wesell 203
Zett Jukassa 204
Zuckuss 205

Register 206

2-1B
CHIRURGIEDROIDE

2-1B-MEDI- UND CHIRURGIEDROIDEN gibt es seit den Tagen der Republik. Eine dieser Einheiten ist in der Rebellenbasis auf Hoth stationiert und behandelt verletzte Rebellenkämpfer wie Luke Skywalker, nachdem dieser von einem Wampa attackiert wurde.

Ein 2-1B-Droide aus der Ära der Republik behandelt Darth Vaders verbrannten Körper.

DATENBANK

ZUGEHÖRIGKEIT: Droiden
TYP: Chirurgiedroide
HERSTELLER: Industrie-Automaton
GRÖSSE: 1,50 m
AUFTRETEN: III, V, VI, CW
SIEHE AUCH: FX-Medidroide

- Feinmotorische Hand
- Transparentes Gehäuse über Hydraulik
- Hydraulikbein
- Stabilisatorfuß

Rebellenchirurg
2-1B führt präzise Operationen mit nur geringen oder gar keinen Narben durch. Seine langjährige Erfahrung mit Menschen macht ihn zum einfühlsamen Mediziner. Luke Skywalker ist von ihm so beeindruckt, dass er den Droiden erneut für eine OP anfordert, als er in der Wolkenstadt seine Hand verliert.

Chirurgiedroiden
der 2-1B-Serie sind mit umfangreichen Speicherbänken versehen, damit sie dem Patienten in jeder erdenklichen medizinischen Situation die beste Behandlung zuteilwerden lassen.

4

4-LOM
EHEMALS PROTOKOLLDROIDE, JETZT KOPFGELDJÄGER

DIESER HUMANOIDE DROIDE mit insektenhaftem Gesicht war früher ein hochentwickelter Protokolldroide, der der Spezies ähneln sollte, der er diente. Einst tat 4-LOM auf einem Luxuskreuzer Dienst, doch dann überschrieb er die eigene Programmierung und widmete sich einer Verbrecherlaufbahn als Kopfgeldjäger.

Nach der Schlacht von Hoth heuert Vader 4-LOM und andere Kopfgeldjäger an, um den *Millennium Falken* aufzuspüren.

Verbund-Fotorezeptoren

Gefährliches Gespann
4-LOM arbeitet häufig mit einem Kopfgeldjäger namens Zuckuss zusammen. Die Kombination von 4-LOMs Schlussfolgerungs- und Analysefähigkeiten und Zuckuss' geheimnisvoller Intuition macht ihre Zusammenarbeit erfolgreich und lukrativ.

Blastech-W-90-Erschütterungsgewehr

4-LOM ist ein hochintelligenter und zielgerichteter Droide, der auch freundlich sein kann. Eine Zeit lang schließt er sich der Rebellion gegen das Imperium an. Allerdings wendet er sich schon bald wieder kriminellen Geschäften zu und arbeitet für Jabba und andere Verbrecher.

DATENBANK
ZUGEHÖRIGKEIT: Kopfgeldjäger
TYP: Protokolldroide der LOM-Serie
HERSTELLER: Industrie-Automaton
GRÖSSE: 1,60 m
AUFTRETEN: V
SIEHE AUCH: Zuckuss, Jabba der Hutt, Darth Vader

Verbeulte schwarze Droidenhülle

8D8
JABBAS DROIDENFOLTERKNECHT

DER GRAUSAME 8D8 arbeitet als Droidenfolterknecht in Jabbas Palast auf Tatooine. Seine Aufgabe ist es, Jabbas Droiden und Sklaven zu zeigen, wo ihr Platz ist.

Als C-3PO und R2-D2 in Jabbas Hände fallen, landen die Droiden in 8D8s Folterhöhle.

- Ultraviolett-Fotorezeptoren
- Logikprozessormodul
- Rotationsservomotor
- Universeller Beckenaufsatz

DATENBANK

ZUGEHÖRIGKEIT: Jabbas Gefolge
TYP: 8D-Schmelzdroide
HERSTELLER: Roche-Verpinenschwarm
GRÖSSE: 1,80 m
AUFTRETEN: VI
SIEHE AUCH: EV-9D9

Die 8D-Serie wurde für industrielle Schwerstarbeit entwickelt und gilt als grausam und einfach gestrickt. 8D-Droiden hegen einen Groll gegen intelligentere Droiden und werden infolgedessen oft zu regelrechten Tyrannen.

Grausamer Droide

8D8 haust in einer trostlosen Kammer im Untergeschoss von Jabbas Palast auf Tatooine. Faulen und widerspenstigen Droiden verpasst er glühendheiße Brandzeichen. Manchmal – wie bei diesem armen Energiedroiden – fügt 8D8 seinen Opfern nur zum Spaß Schaden zu.

AAYLA SECURA
TWI'LEK-JEDI-RITTERIN

DIE MUTIGE AAYLA SECURA ist eine Twi'lek-Jedi, die mit ihren athletischen Künsten im Lichtschwertkampf ihren Gegnern das Fürchten lehrt. Als Jedi-Generalin stand Aayla in zahlreichen Schlachten an der Spitze ihrer Klontruppeneinheit.

Auf Felucia wenden sich die eigenen Klonsoldaten gegen Secura.

Gefangen
Bei der Schlacht von Geonosis gehört Aayla Secura zum Kreise jener Jedi, die von geonosianischen Soldaten gefangen genommen werden. Glücklicherweise eilen die Klontruppen zu ihrer Rettung herbei.

- Djem-So-Angriffsposition
- Lekku (Kopftentakel)
- Gürtel aus Rycritleder
- Kampfstiefel
- Maßgeschneiderte Kleidung für volle Bewegungsfreiheit

DATENBANK
ZUGEHÖRIGKEIT: Jedi
HEIMATWELT: Ryloth
SPEZIES: Twi'lek
GRÖSSE: 1,70 m
AUFTRETEN: II, III, CW
SIEHE AUCH: Kit Fisto, Mace Windu, Yoda

Aayla Secura ist eine intelligente, zuweilen verschlagene Jedi. Ihr Lehrmeister war Quinlan Vos. Gemeinsam erlebten sie viele Abenteuer und stellten sich gar der Dunklen Seite. Darüber hinaus pflegt Secura enge Bande zum Jedi Kit Fisto.

ACKLAY
ARENABESTIE AUF GEONOSIS

VERURTEILTEN GEFANGENEN, die in der Exekutionsarena von Geonosis landen, droht der sichere Tod durch wilde Bestien. Viele wurden auf weit entfernten Welten eingefangen und nach Geonosis geschafft. Der bösartige Acklay ist eins dieser exotischen Ungetüme.

Acklays besitzen lange, klauenbewehrte Fußstelzen.

DATENBANK

HEIMATWELT: Vendaxa
GRÖSSE: 3,05 m
ERNÄHRUNG: Fleischfresser
LEBENSRAUM: Wasser, Land
AUFTRETEN: II
SIEHE AUCH: Nexu, Reek, Obi-Wan Kenobi

Messerscharfe Zähne

Gehärtete, hornbedeckte Klaue

Die Acklays stammen von der fruchtbaren Welt Vendaxa. Sie leben unter Wasser, begeben sich jedoch auf die Ebenen, um Lemnai genannte Geschöpfe zu jagen.

Greifklaue

Dehnbarer Magen

Schützende Knochenfortsätze

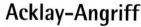

Acklay-Angriff
Der Jedi Obi-Wan Kenobi verwendet den Speer eines geonosianischen Picadors, um sich gegen die Attacke des wilden Acklay zu verteidigen.

ADI GALLIA
THOLOTHIANISCHE JEDI-MEISTERIN

JEDI-MEISTERIN ADI GALLIA wurde als Kind einer hochrangigen Diplomatenfamilie auf Coruscant geboren. Gallia ist Mitglied des Hohen Rats der Jedi und diente als Generalin in den Klonkriegen.

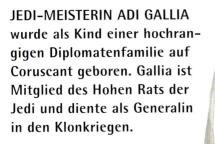

Als Ratsmitglied wird Adi Gallia für ihre intuitiven Fähigkeiten geschätzt.

Tholoth-Kopfschmuck

Adi Gallia ist Vorsitzenden des Senats eine wertvolle Informationsquelle. Sie unterhält gute Kontakte zur politischen Maschinerie von Coruscant, darunter auch zu ihrer Cousine Stass Allie.

Lichtschwert

Mehrzwecktasche

Jedi-Tempel
Gallia ist zwar im Jedi-Tempel auf Coruscant stationiert, doch auch weiter entfernte Ereignisse entgehen ihr nicht. Sie ist die Erste, die den Senat vor verdächtigen Aktivitäten der Handelsföderation im Naboo-System warnt.

DATENBANK
ZUGEHÖRIGKEIT: Jedi
HEIMATWELT: Coruscant
SPEZIES: Tholothianerin
GRÖSSE: 1,84 m
AUFTRETEN: I, II, CW
SIEHE AUCH: Stass Allie, Even Piell, Kanzler Valorum, Bail Organa

Hohe Reisestiefel

Jedi-Gewand

ADMIRAL ACKBAR
KOMMANDANT DER REBELLENFLOTTE

ADMIRAL ACKBAR wurde auf der Meereswelt Mon Calamari geboren. Als das Imperium seine Heimat erobert, wird er Großmoff Tarkins Sklave. Nach seiner Befreiung durch die Rebellen überzeugt Ackbar sein Volk davon, sich der Rebellenallianz anzuschließen.

Ackbar befehligt die Rebellenflotte von seinem persönlichen Flaggschiff, der *Heimat Eins*, aus.

DATENBANK
ZUGEHÖRIGKEIT: Rebellenallianz
HEIMATWELT: Mon Calamari
SPEZIES: Mon Calamari
GRÖSSE: 1,80 m
AUFTRETEN: VI
SIEHE AUCH: Lando Calrissian, Mon Mothma, General Madine

- Kommandeursabzeichen
- Mon-Cal-Uniform-Wams
- Wasserfeste Haut
- Mehrzweckgürtel
- Feuchtigkeitsspeichernder Stoff

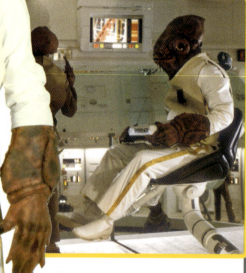

Heimat Eins
Ackbars Volk unterstellt seine riesigen Mon-Cal-Sternenkreuzer der Allianz. Die *Heimat Eins* dient dabei als mobile Kommandozentrale, nachdem das Imperium sämtliche geheimen Stützpunkte entdeckt und zerstört hat.

Als Kommandant der Rebellenflotte plant und leitet Ackbar in der Schlacht von Endor den Angriff auf die imperialen Schiffe.

ADMIRAL OZZEL
ADMIRAL DER *EXECUTOR*

KENDAL OZZEL IST KOMMANDANT von Darth Vaders riesigem Flaggschiff, der *Executor*. Unter Ozzels zuweilen unsicherem Kommando verlässt die *Executor* den Hyperraum zu dicht bei Hoth, was die Rebellen vor dem imperialen Angriff warnt.

Die *Executor* führt Vaders persönliche, als Todesschwadron bekannte Flotte von Sternenzerstörern an.

- Offiziersknopf
- Imperiale Codezylinder
- Rangabzeichen
- Gürtelschnalle enthält verborge Datenspeichereinheit.
- Stiefel mit Durastahlkappen

Tödliche Patzer

Vader stuft Ozzel als „ebenso ungeschickt wie töricht" ein. Nach einer Reihe von Patzern – zuerst missachtete Anzeichen für Leben auf Hoth, dann der gescheiterte Überraschungsangriff – richtet Vader Ozzel telekinetisch mit der Macht hin und befördert Captain Piett anstelle von Ozzel zum Admiral.

Kendal Ozzel dient in den Klonkriegen in der Republikanischen Flotte und arbeitet sich rasch die militärische Rangleiter hoch. Ozzel hat Ehrgeiz, doch sein Urteilsvermögen und taktisches Denken lassen zu wünschen übrig, was er mit autoritärem Auftreten zu verschleiern versucht.

DATENBANK

ZUGEHÖRIGKEIT: Imperium
HEIMATWELT: Carida
SPEZIES: Mensch
GRÖSSE: 1,70 m
AUFTRETEN: V
SIEHE AUCH: Admiral Piett, General Veers, Darth Vader

ADMIRAL PIETT
KOMMANDANT DER *EXECUTOR*

PIETT IST EIN LOYALER IMPERIALER KAPITÄN auf Darth Vaders Flaggschiff, der *Executor*. Nachdem Vader den inkompetenten Ozzel mithilfe der Macht erwürgt hat, wird Piett zum Flottenadmiral befördert. Er kommt ums Leben, als ein A-Flügler der Rebellen in die Brücke der *Executor* kracht.

Ein A-Flügler tötet die Brückenbesatzung der *Executor* und lässt sie abstürzen.

Riskante Strategie
Vaders Offiziere müssen sich dem eisernen Willen des Dunklen Lords beugen. Als Vader verlangt, dass Piett dem *Millennium Falken* bei einer riskanten Jagd in ein Asteroidenfeld folgt, kommt er dem Befehl nervös nach, da jeder Fehler seinen Tod bedeuten könnte.

Imperiale Rangabzeichen

Imperiale Codezylinder

DATENBANK
ZUGEHÖRIGKEIT: Imperium
HEIMATWELT: Axxila
SPEZIES: Mensch
GRÖSSE: 1,65 m
AUFTRETEN: V, VI
SIEHE AUCH: Admiral Ozzel, Darth Vader

Anders als viele imperiale Offiziere stammt Firmus Piett nicht von den angesehenen Kernwelten, sondern vom Äußeren Rand. Er ist ebenso für seine Geistesgegenwart wie für das Talent bekannt, die Schuld für eigene Fehler anderen anzulasten.

AGEN KOLAR
ZABRAK-JEDI-MEISTER

AGEN KOLAR ist ein großer Schwertmeister und einer der 200 Jedi-Ritter, die auf Geonosis gegen die Separatistenarmee kämpfen. Mace Windu schätzt Kolars Kampfkünste und bittet ihn um Hilfe, den Obersten Kanzler Palpatine zu verhaften.

Kolar muss seine Kampfkünste auf Geonosis unter Beweis stellen.

Hörner regenerieren sich mit der Zeit.

Lichtschwert mit zwei Kristallen, das grüne oder blaue Energieklinge erzeugt.

Zweihändige Bereitschaftsposition

Kapuzenmantel wird im Kampf häufig abgelegt.

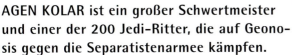

Fähiger Sith
Selbst Kolars Kampfkünste reichen nicht, um es mit der Schnelligkeit und Energie eines Sith-Lords wie Darth Sidious aufzunehmen.

Agen Kolar ist ein Zabrak, genau wie der Jedi Eeth Koth. Zabraks erkennt man leicht an ihren Schädelhörnern. Kolar schlägt erst zu und stellt später die Fragen. Er ist zudem Mitglied des Hohen Rats der Jedi.

DATENBANK
ZUGEHÖRIGKEIT: Jedi
HEIMATWELT: Coruscant
SPEZIES: Zabrak
GRÖSSE: 1,70 m
AUFTRETEN: II, III
SIEHE AUCH: Mace Windu, Saesee Tiin, Kit Fisto

ANAKIN SKYWALKER
LEGENDÄRER JEDI-RITTER

ANAKIN SKYWALKERS AUFSTIEG ist erstaunlich. Innerhalb weniger Jahre wird er vom Sklaven auf Tatooine zu einem der mächtigsten Jedi aller Zeiten. Doch Anakins Machtgier führt ihn zur dunklen Seite der Macht, mit tragischen Konsequenzen für die gesamte Galaxis.

Der Scharfsinn und die unnatürlich schnellen Reflexe des jungen Anakin zeigen sein gewaltiges Machtpotenzial.

Handschuh bedeckt Mechno-Hand, die die von Dooku abgetrennte Hand ersetzt.

Jedi-Ausrüstungsgürtel

Enge Bande
Anakins Band zu seinem Lehrer Obi-Wan Kenobi ist stark. Während der Klonkriege, in denen er sich als guter Anführer erweist, sind sie ein starkes Team. Doch Anakin wird von Wut und Misstrauen heimgesucht.

DATENBANK
- **ZUGEHÖRIGKEIT:** Jedi
- **HEIMATWELT:** Tatooine
- **SPEZIES:** Mensch
- **GRÖSSE:** 1,85 m
- **AUFTRETEN:** I, II, III, VI, CW
- **SIEHE AUCH:** Qui-Gon-Jinn, Obi-Wan Kenobi, Padmé Amidala

In den Klonkriegen
verliert Anakin den Glauben an die Jedi, Frieden und Eintracht in der Galaxis wiederherzustellen. Der Tod seiner Mutter erfüllt ihn mit Zorn, und er hat Angst, dass Padmé Amidala (die er heimlich geheiratet hat) dasselbe Schicksal ereilt. Schließlich glaubt er, dass nur die Dunkle Seite ihm die Macht verleiht, dem Tod zu trotzen.

AT-AT-PILOT
IMPERIALE FAHRZEUGFÜHRER

NUR DIE BESTEN SOLDATEN des Imperiums werden dafür ausgewählt, die gefürchteten Allterrain-Angriffstransporter (AT-AT) zu steuern. AT-AT-Piloten, die stets im Zweierteam agieren, betrachten sich selbst als allmächtig.

Die Piloten im Cockpit am Kopf des AT-ATs bedienen Steuerung und Geschütze.

- Verstärkter Helm
- Lebenserhaltungseinheit
- Pilotenhandschuhe
- Isolierter Overall

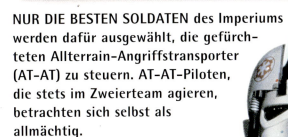

Wandelndes Grauen
Die riesigen AT-AT-Kampfläufer marschieren unerbittlich über unebenes Gelände und verbreiten mit mächtigen Laserkanonen beim Feind Zerstörung und Schrecken.

AT-ATs sind nicht klimatisiert, daher tragen die Piloten auf Eisplaneten wie Hoth speziell isolierte Anzüge. Sie schützen ihren Träger auch, falls das Cockpit in feindlichen Umgebungen beschädigt wird.

DATENBANK
ZUGEHÖRIGKEIT: Imperium
SPEZIES: Mensch
GRÖSSE: 1,83 m
STANDARDAUSRÜSTUNG: Blasterpistole, Thermaldetonatoren, Granaten
AUFTRETEN: V
SIEHE AUCH: AT-ST-Pilot, General Veers

AT-ST-PILOT
IMPERIALE FAHRZEUGFÜHRER

ZWEIBEINIGE AT-STS (Allterrain-Scout-transporter) beharken den Feind in der Schlacht mit Lasersalven. Die zwei Piloten des Kampfläufers müssen überlegene Fähigkeiten in puncto Balance und Geschick beweisen.

Zwei Piloten bewegen den AT-ST-Kampfläufer mit hoher Geschwindigkeit auch durch unebenes Gelände.

DATENBANK

ZUGEHÖRIGKEIT: Imperium
SPEZIES: Mensch
STANDARDAUSRÜSTUNG: Blaster, Granaten, Thermaldetonatoren, Notsignalgeber, Komlink
AUFTRETEN: VI
SIEHE AUCH: AT-AT-Pilot, Chewbacca

Feuerfeste Handschuhe

Overall

Lederstiefel

Auf der Jagd

AT-ST-Kampfläufer werden für Aufklärungs- und Jagdmissionen eingesetzt. Allerdings sind sie nicht immun gegen Angriffe, wie Chewbacca zeigt, als er sich durchs Dach seinen Weg ins Innere eines Läufers bahnt.

AT-ST-Piloten tragen vorne offene Helme, Schutzbrillen und einfache Körperpanzer unter dem Overall. In der Schlacht von Endor werden AT-ST-Läufer gegen die Rebellen eingesetzt. Viele fallen Überraschungsangriffen der Ewoks zum Opfer.

AURRA SING
GRAUSAME KOPFGELDJÄGERIN

AURRA SING IST EINE skrupellose Kopfgeldjägerin. Gerüchten nach wurde sie als Kind zur Jedi ausgebildet, kehrte jedoch wegen ihrer aggressiven Natur dem Orden den Rücken. In den Klonkriegen wurde Sing angeheuert, um Senatorin Amidala zu ermorden.

In den Klonkriegen kümmert sich Aurra um den verwaisten Boba Fett.

Aurra Sing wurde in den schmutzigen Slums von Nar Shaddaa geboren. Sie erfuhr nie, dass ihre Eltern zu arm waren, um sie großzuziehen. Sing wurde zu einer kaltblütigen Mörderin. Um ihre Beute aufzuspüren, ist sie bereit, alles zu tun. Sie besitzt Sensorimplantate, und hat eine breite Palette von Waffen, darunter Lichtschwerter und ein Scharfschützen-Projektilgewehr.

Fährtensucher-Ausrüstungsweste

Kurzstrecken-Pistole

Lange Finger, um an Blut zu kommen

Langstrecken-Projektilgewehr

Aufgepasst!
Auf der Jagd nach Jedi-Rittern schaut Aurra Sing bei dem Podrennen zu, das dem jungen Anakin Skywalker seine Freiheit beschert.

DATENBANK
ZUGEHÖRIGKEIT: Kopfgeldjäger
HEIMATWELT: Nar Shaddaa
SPEZIES: Fastmensch
GRÖSSE: 1,83 m
AUFTRETEN: I, CW
SIEHE AUCH: Bossk, Padmé Amidala, Boba Fett

A-FLÜGLER-PILOT
ELITEPILOTEN DER REBELLEN

A-FLÜGLER sind kleine, superschnelle Sternenjäger, und ihre Piloten gehören zu den besten Fliegern der Rebellenallianz. Sie bringen die Wende in der Schlacht von Endor, als sie Vaders Flaggschiff, die *Executor*, zerstören.

Der Rebellenpilot Arvel Crynyd steuert seinen beschädigten A-Flügler in die Brücke der *Executor*.

DATENBANK

ZUGEHÖRIGKEIT:
Rebellenallianz
STAFFELBEZEICHNUNG:
Staffel Grün
STAFFELFÜHRER:
Arvel Crynyd
AUFTRETEN: VI
SIEHE AUCH: Admiral Ackbar, Lando Calrissian

- Flakweste
- Druckanzug
- Datenzylinder
- Gerätegeschirr

Arvel Crynyd
führt in der Schlacht von Endor die Staffel Grün an. Als er während des Angriffs von der *Executor* getroffen wird, steuert er sein ramponiertes Schiff in die ungeschützte Brücke von Vaders Schiff, um mit einem Schlag die ganze Brückenbesatzung auszulöschen.

Leistungsfähige Schiffe

Nur die besten Rebellenpiloten können den A-Flügler fliegen. Vor der Schlacht von Endor eigentlich als Begleitschiff entwickelt, machen seine unglaubliche Geschwindigkeit und Manövrierfähigkeit ihn zum tödlichen Angriffsjäger.

B'OMARR-MÖNCH
MYSTERIÖSE KÖRPERLOSE MÖNCHE

DIE B'OMARR-MÖNCHE sind die ursprünglichen Bewohner des Palasts von Jabba dem Hutt auf Tatooine. Wenn diese geheimnisvollen Mönche die höchste Stufe der Erleuchtung erreichen, werden ihre lebenden Hirne chirurgisch aus dem Körper entfernt und in spezielle Behälter mit mechanischen Beinen gesetzt.

Die B'omarr-Mönche bauten das Kloster auf Tatooine, das Jabba zu seinem Palast gemacht hat.

DATENBANK
ZUGEHÖRIGKEIT: keine
ORDEN GEGRÜNDET: ca. 700 VSY
KLOSTER-STANDORTE: Tatooine, Teth, Danuta
AUFTRETEN: VI, CW
SIEHE AUCH: Jabba der Hutt

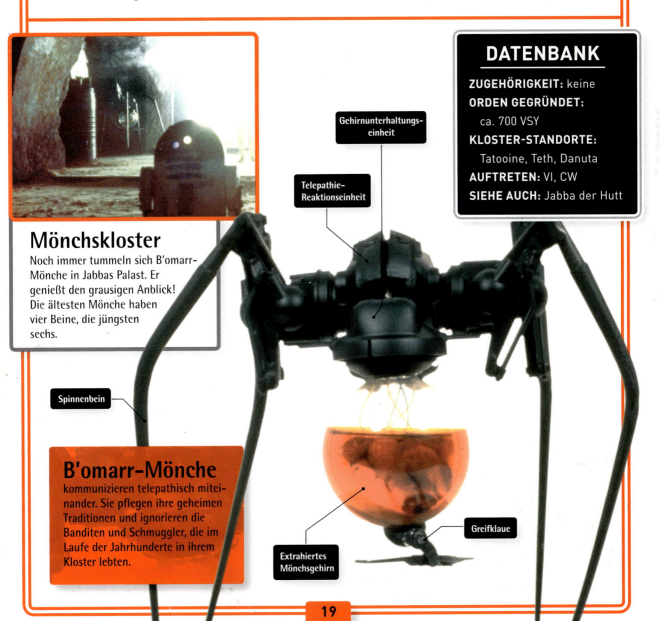

Mönchskloster
Noch immer tummeln sich B'omarr-Mönche in Jabbas Palast. Er genießt den grausigen Anblick! Die ältesten Mönche haben vier Beine, die jüngsten sechs.

B'omarr-Mönche
kommunizieren telepathisch miteinander. Sie pflegen ihre geheimen Traditionen und ignorieren die Banditen und Schmuggler, die im Laufe der Jahrhunderte in ihrem Kloster lebten.

- Gehirnunterhaltungseinheit
- Telepathie-Reaktionseinheit
- Spinnenbein
- Extrahiertes Mönchsgehirn
- Greifklaue

BAIL ORGANA
VIZEKÖNIG VON ALDERAAN

BAIL ORGANA IST der Senator von Alderaan. Er verfolgt entsetzt, wie die Galaktische Republik unter Palpatine zur Diktatur verkommt. Zusammen mit Mon Mothma gehört er zu den Gründern der Rebellion gegen Imperator Palpatine.

Bail und seine Frau Breha adoptieren Leia Amidala Skywalker.

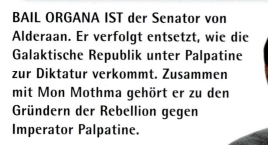

Knappe Flucht
Bail ist der erste Zivilist, der nach dem Massaker, das Anakin und seine Klontruppen-Legion angerichtet haben, am Jedi-Tempel eintrifft. Bail selbst entkommt nur knapp mit dem Leben.

DATENBANK
ZUGEHÖRIGKEIT: Republik/Rebellenallianz
HEIMATWELT: Alderaan
SPEZIES: Mensch
GRÖSSE: 1,91 m
AUFTRETEN: II, III, CW
SIEHE AUCH: Prinzessin Leia, Mon Mothma

- Präzisionsblaster
- Kampfstiefel
- Unterarmpanzer
- Alderaanischer Gürtel
- Alderaanischer Umhang

Organa bleibt bis zum Ende loyal gegenüber Republik und Jedi-Orden. Zu Zeiten des Imperiums ist es Bail, der auf die Bedrohung durch den Todesstern reagiert und seine Adoptivtochter Leia auf geheimer Mission zu Obi-Wan Kenobi schickt, um ihn für die Allianz zu gewinnen.

20

BANTHA
LASTTIERE VON TATOOINE

FÜR DIE FARMER UND SIEDLER auf Tatooine sind auf einem Bantha reitende Tusken-Räuber ein gefürchteter Anblick. Die Sandleute sind eng mit den gewaltigen Ungetümen verbunden, nutzen sie als Reit- und Lasttiere und machen sie sogar zu Angehörigen ihrer Clans.

Bantha-Herden durchwandern die Wüsten, angeführt von einem dominanten Weibchen.

Gewundenes Horn

Tusken-Reiter
Die Tusken reiten im Gänsemarsch, um ihre Zahl zu verbergen. Sie sind von klein auf eng mit einzelnen Banthas verbunden.

Männliche
wie weibliche Banthas besitzen gewundene Hörner, die jedes Jahr um einen Ring wachsen. Banthas können wochenlang ohne Futter und Wasser auskommen und sind so für ein Dasein auf rauen Planeten wie Tatooine gut geeignet.

Dreizehiger Huf

Sack für Essen und Vorräte

DATENBANK
LEBENSRAUM: verschiedene
GRÖSSE: 2,50 m
NAHRUNG: Pflanzenfresser
LEBENSSPANNE: 80–100 Jahre
AUFTRETEN: I, II, IV, VI, CW
SIEHE AUCH: Tusken-Räuber

BARON PAPANOIDA
EINFLUSSREICHER PANTORANISCHER HANDELSGILDENBARON

BARON PAPANOIDA betreibt auf Coruscant ein einflussreiches Unterhaltungsimperium. Er ist als Kritiker von Palpatine bekannt, obgleich der Großteil seines Lebens im Verborgenen liegt und man munkelt, er könne ein Doppelagent sein.

Papanoida trifft sich mit seiner Tochter Chi Eekway im Opernhaus.

- Zeremonielle Schulterkordel
- Pantoranisches Wappen
- Streifen am Ärmel sind Rangzeichen.
- Ausgehhandschuhe

Netzwerke
In seiner Privatloge im Galaktischen Opernhaus trifft sich Papanoida mit wichtigen Senatoren und anderen. Er versorgt sie mit Berichten seines Informanten-Netzwerks.

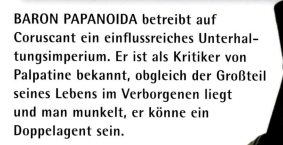

Der Baron wird nach dem Tod des Vorsitzenden Chi Cho auf dem Eismond Orto Plutonia dessen Nachfolger in der Pantoranischen Versammlung. Als die Handelsföderation seine beiden Töchter Che Amanwe und Chi Eekway entführt, wird er in die Klonkriege verstrickt. Zusammen mit seinem Sohn Ion bietet Papanoida einigen der Entführer in Mos Eisley die Stirn.

DATENBANK
ZUGEHÖRIGKEIT: Republik
HEIMATWELT: Pantora
SPEZIES: Pantoraner
GRÖSSE: 1,70 m
AUFTRETEN: III, CW
SIEHE AUCH: Chi Eekway Papanoida, Palpatine

BARRISS OFFEE
MIRIALANISCHE JEDI-RITTERIN

DIE JEDI-RITTERIN BARRISS OFFEE ist umsichtig, mutig und selbstlos. Sie ist die Padawanschülerin von Meisterin Luminara Unduli, der sie treu ergeben ist. Zusammen bilden beide ein Respekt einflößendes Duo.

Offee praktiziert einen als Soresu bekannten Lichtschwertkampfstil.

- Mirialanische Tattoos
- Zweihandgriff für mehr Kontrolle
- Gürtel besitzt Geheimfächer.
- Kapuzenmantel

Machtvolles Team
Offee ist auf den Kampf als Duo spezialisiert und setzt die Macht ein, um ihre Aktionen synchron mit denen ihrer Partnerin Unduli auszuführen. Gemeinsam sind sie wesentlich stärker als jede für sich allein.

DATENBANK
ZUGEHÖRIGKEIT: Jedi
HEIMATWELT: Mirial
SPEZIES: Mirialanerin
GRÖSSE: 1,66 m
AUFTRETEN: II, CW
SIEHE AUCH: Luminara Unduli, Shaak Ti

Wie Luminara
Unduli ist auch Barriss Offee Mirialanerin. Diese Spezies mit gelbgrüner Haut ist für ihre Tätowierungen im Gesicht und auf den Händen bekannt. Sie stehen für errungene Erfolge.

KAMPFDROIDE
MECHANISCHE DROIDENSOLDATEN

KAMPFDROIDEN sind die Bodentruppen der Separatistenarmee: furchtlos, ohne Gefühle und bereit, dem Willen ihrer Herren Folge zu leisten. Sie ähneln ihren geonosianischen Schöpfern.

Erstmals kommen Kampfdroiden gegen das friedliche Volk von Naboo zum Einsatz.

Armverlängerungskolben

Einfacher Vocoder

E5-Blastergewehr

Kampfdroiden

sollen mehr durch zahlenmäßige Überlegenheit als individuelle Fähigkeiten siegen. Sie werden in Massen produziert und sind außerstande, unabhängig zu denken. Ein Computer an Bord eines Schiffs der Handelsföderation versorgt sie mit Befehlen.

Gliedmaßen ähneln neimoidianischen Skeletten.

DATENBANK

ZUGEHÖRIGKEIT:
Separatisten
TYP: B1-Kampfdroide
HERSTELLER: Baktoid
Rüstungswerke
GRÖSSE: 1,91 m
AUFTRETEN: I, II, III, CW
SIEHE AUCH: Droideka,
Superkampfdroide

Klappbares
Kniegelenk

STAPs

Kampfdroiden-Späher und -Scharfschützen schwirren auf bewaffneten Solo-Truppen-Aero-Plattformen (STAPs) durch die Luft. Diese Repulsorliftvehikel bahnen sich ihren Weg selbst durch dichte, für größere Fahrzeuge unpassierbare Wälder.

BERU LARS
LUKE SKYWALKERS ZIEHMUTTER

BERU LARS ist Feuchtfarmerin in dritter Generation. Am Ende der Klonkriege bittet Obi-Wan Kenobi sie und ihren Mann Owen, Luke Skywalker großzuziehen, während er selbst sich in der Nähe niederlässt, um über den Jungen zu wachen.

Beru und Owen adoptieren Luke, um ihn vor dem Bösen des Imperiums zu schützen.

Einfache Haartracht

DATENBANK
ZUGEHÖRIGKEIT: Republik
HEIMATWELT: Tatooine
SPEZIES: Mensch
GRÖSSE: 1,65 m
AUFTRETEN: II, III, IV
SIEHE AUCH: Owen Lars, Luke Skywalker

Wüstentunika

Beschützerin

Als Luke heranwächst, hat Beru Verständnis dafür, dass er sein Zuhause verlassen und auf die Imperiale Akademie gehen will. Doch sie kennt die Wahrheit über Lukes Vater und respektiert Owens Wunsch, ihn davor zu bewahren, in Anakins Fußstapfen zu treten.

Beru Lars arbeitet hart und ist unabhängig. Sie kommt mit den meisten Gefahren gut zurecht, die die Wüste von Tatooine birgt. Allerdings kann nichts sie auf die imperialen Sturmtruppen vorbereiten, die auf der Suche nach zwei entlaufenen Droiden mit gestohlenen Todessternplänen vorbeikommen.

Grobe, in Anchorhead angefertigte Kleidung

Wüstenstiefel

BIB FORTUNA
JABBAS TWI'LEK-MAJORDOMUS

DER FINSTERE BIB FORTUNA überwacht die alltäglichen Angelegenheiten in Jabbas Wüstenpalast und dessen Anwesen in Mos Eisley. Zuvor war Bib ein reicher Sklavenhändler, der sogar Angehörige seines eigenen Volkes verkaufte.

Fortuna ist stets in Jabbas Nähe und gibt ihm Ratschläge. Insgeheim plant er, ihn zu töten!

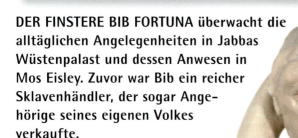

Bib Fortuna ist ein einflussreiches und gefürchtetes Individuum in Jabbas Gefolge. Ganz gleich, ob Freund oder Feind, Fortuna wird heimlich Ränke gegen einen schmieden, um seine Position innerhalb der Organisation zu wahren.

Ausgetrickst
Bib Fortuna war viele Jahrzehnte lang Jabbas Hofmeister. Doch als unerwartet zwei Droiden eintreffen, um über Han Solos Leben zu verhandeln, setzt er unabsichtlich eine Kette von Ereignissen in Gang, die zum Untergang des berüchtigten Hutt-Gangsters führen.

- Lekku (einer von zwei Kopftentakel)
- Traditionelles Ryloth-Gewand
- Sklavenhalter-armband
- Weiche Sohlen für lautlose Schritte

DATENBANK
ZUGEHÖRIGKEIT: Jabbas Gefolge
HEIMATWELT: Ryloth
SPEZIES: Twi'lek
GRÖSSE: 1,80 m
AUFTRETEN: I, VI, CW
SIEHE AUCH: Jabba der Hutt

BOBA FETT
DER BESTE KOPFGELDJÄGER DER GALAXIS

DER LEGENDÄRE KOPFGELDJÄGER Boba Fett ist kühl und berechnend. Er wird dafür bezahlt, Personen aufzuspüren und häufig auch zu töten. Mit der Zeit hat Fett einen eigenen Ehrenkodex entwickelt und nimmt nur Aufträge an, die seinem Sinn für Gerechtigkeit entsprechen.

In Vaders Auftrag nimmt Fett Han Solo gefangen und lädt ihn in Karbonit eingefroren in die *Sklave I*.

Multifunktions-helm

EE-3-Blaster-gewehr

Verstärkter Flugoverall

Mehrzweck-gürtel

DATENBANK

ZUGEHÖRIGKEIT:
Kopfgeldjäger
HEIMATWELT: Kamino
SPEZIES: Mensch
GRÖSSE: 1,83 m
AUFTRETEN: II, IV, V, VI, CW
SIEHE AUCH: Jango Fett, Darth Vader, Han Solo, Jabba der Hutt

Vater und Sohn

Boba Fett ist ein exakter genetischer Klon von Jango Fett, der Boba wie seinen Sohn großzieht. Während der Schlacht von Geonosis wird Boba Zeuge von dessen Tod und schwört dem Jedi, der ihn tötete, Rache. Er erbt Jangos mandalorianische Rüstung und sein Schiff, die *Sklave I*.

Boba Fetts Geschick und seine Fähigkeiten, kombiniert mit einem Arsenal exotischer Waffen, hat ihm viele fast unmöglich zu ergatternde Kopfgelder eingebracht. Er ist berüchtigt dafür, seine Zielpersonen vollkommen auszuschalten.

BOGA
OBI-WAN KENOBIS REITTIER AUF UTAPAU

BOGA IST EINE als Varactyl bekannte, domestizierte Echse. Auf Utapau überwindet Obi-Wan Kenobi mit ihr auf der Suche nach Grievous gefährliche Schlundlöcher und steile Felswände. Boga ist gut trainiert und gehorcht den Befehlen des Jedi aufs Wort.

Nachdem verräterische Klone einen Blasterfeuerhagel entfesselt haben, stürzen Boga und Kenobi in ein Schlundloch.

Varactyle haben kräftige Gliedmaßen und Klauenfüße, was sie zu schnellen Läufern und ausgezeichneten Kletterern macht. Sie werden von Tierbändigern gezähmt und zum Reiten genutzt.

Stacheln zur Verteidigung

DATENBANK
HEIMATWELT: Utapau
LÄNGE: 15 m
NAHRUNG: Fleischfresser
LEBENSRAUM: Schlundlöcher auf Utapau
AUFTRETEN: III
SIEHE AUCH: Utai

Mähne (bei Männchen und Weibchen)

Füße mit fünf Klauen bieten besten Halt.

Flinke Boga
Mit Obi-Wan Kenobi im Sattel hält Boga mit General Grievous' Radgleiter Schritt. Nach zahlreichen riskanten Manövern und mit Bogas Hilfe kann Obi-Wan den General stellen und vernichten.

BOSS NASS
ANFÜHRER DER GUNGANS

BOSS NASS IST DER STRENGE, altmodische Herrscher von Otoh Gunga, der größten gunganischen Unterwasserstadt auf Naboo. Er spricht Galaktisches Basic (die Standardsprache in der Galaxis) mit starkem Akzent.

Der Hohe Rat der Gungans hat die Macht, die Große Armee einzuberufen.

Herrscherkrone

Schulterklappen repräsentieren Befehlsgewalt.

Vierfingrige Hand

Teamarbeit
Als sein Planet vor der Invasion steht, stellt Boss Nass seine Vorurteile gegen die Naboo hintenan. Er empfängt Königin Amidala, die ihn demütig um Hilfe bittet, und erkennt, dass sein Volk mit den Naboo zusammenarbeiten oder untergehen muss. So wird zwischen beiden eine neue Freundschaft geschmiedet.

DATENBANK
ZUGEHÖRIGKEIT: Republ.
HEIMATWELT: Naboo
SPEZIES: Gungan
GRÖSSE: 2,06 m
AUFTRETEN: I, III
SIEHE AUCH: Padmé Amidala, Jar Jar Binks

Langer Mantel mit goldener Spange

Boss Nass sitzt im Hohen Rat der Gungans. Er ist ein gerechter, aber dickköpfiger Herrscher. Den Naboo nimmt er übel, dass sie die Gungans für primitiv halten, bloß weil sie sich traditionellem Handwerk und althergebrachter Technik bedienen.

Gungan-Sandalen

BOSSK
TRANDOSHANISCHER KOPFGELDJÄGER

DER ZÄHE BOSSK ist ein reptilienartiger Kopfgeldjäger. Früher spürte er entlaufene Sklaven auf. Jetzt jagt er Flüchtlinge für das Imperium und hat bereits zwölf dingfest gemacht.

Bossk und andere Kopfgeldjäger suchen regelmäßig Jabba auf, um an neue Aufträge zu kommen.

- Augen sehen im Infrarotbereich.
- Schutzweste
- Blastergewehr
- Lange Finger, Haut und sogar Gliedmaßen wachsen bis zum Erwachsenenalter nach.

Zäher Trandoshaner
Versessen darauf, seine Beute möglichst zu häuten, ist Bossk so niederträchtig, wie ein Kopfgeldjäger nur sein kann. Er gehört zu denen, die Darth Vader anheuert, um den *Millennium Falken* aufzuspüren.

DATENBANK
ZUGEHÖRIGKEIT: Kopfgeldjäger
HEIMATWELT: Trandosha
SPEZIES: Trandoshaner
GRÖSSE: 1,90 m
AUFTRETEN: V, VI, CW
SIEHE AUCH: Aurra Sing, Boba Fett, Darth Vader

Bossk begann seine Laufbahn als Kopfgeldjäger, wie nur wenig andere es sich trauen: mit der Jagd auf Wookiees. Später jagt er noch andere Spezies. In den Klonkriegen tut sich Bossk mit Aurra Sing, dem jungen Boba Fett und dem Klatooinianer Castas zusammen.

BOUSHH
GETARNTE PRINZESSIN LEIA

IN DER GALAXIS VERDINGEN sich viele bizarre Gestalten als Kopfgeldjäger (oder tun zumindest so). Prinzessin Leia gibt sich als ubesischer Jäger Boushh aus, um in Jabbas Palast zu gelangen. Dieser zweifelt jedoch an ihrer Identität.

Als Boushh verkleidet ist Leia dabei, Han Solo aus dem Karbonit zu befreien.

Stimmverzerrer

Projektil-detonator

Handschuh-stacheln

Munitionstasche

DATENBANK

ZUGEHÖRIGKEIT:
Kopfgeldjäger
HEIMATWELT: Uba IV
SPEZIES: Ubese
GRÖSSE: 1,50 m
AUFTRETEN: VI
SIEHE AUCH: Prinzessin Leia, Chewbacca, Darth Vader

Hose aus Shataleder

Boushhs Verderben

In Jabbas Palast gibt Chewbacca vor, Boushhs Gefangener zu sein, während dieser einen Thermaldetonator zückt. Der wahre Boushh diente vielen Auftraggebern, doch sein Ende nahte, als er für das Verbrechersyndikat Schwarze Sonne arbeitete – und versuchte, es zu erpressen.

Boushhs Aus-rüstung
und sein optisch verstärkter Helm passen Leia perfekt. Sie hat die Tarnung schon zuvor benutzt, um sich mit Xizor zu treffen, dem Anführer der mächtigen Verbrecherorganisation Schwarze Sonne.

Traditionelle Ubesen-Stiefel

BULTAR SWAN
JEDI-RITTERIN UND GENERALIN

DIE JEDI-RITTERIN BULTAR SWAN ist eine Überlebende der Großen Jedi-Säuberung, während der Klontruppen die meisten Jedi töten. Anschließend stellt sie sich mit sieben anderen Darth Vader. Swan trennt dessen Schwertarm ab, weigert sich jedoch, dem Unbewaffneten den Todesstoß zu versetzen.

Der Jedi Koffi Arana versucht, Vader zu treffen, nimmt dabei aber Swan das Leben und kommt auch selber um.

Swan diente als Jedi-Generalin in den Klonkriegen. Ihr Umgang mit dem Lichtschwert ist makellos. Sie lockt Gegner an, indem sie nur eingeschränkt agiert. Dann schlägt sie unvermittelt zu! Bultars Angriff scheint ein einziger Bewegungsausbruch zu sein, doch es handelt sich um eine komplexe Abfolge von Kampfschritten.

- Zweihandgriff für mehr Kontrolle
- Mehrzweckgürtel
- Waffenrock aus Synthetikleder

Schülerin
Swan wurde von Jedi-Meister und Ratsmitglied Micah Giiett trainiert. Nach Giietts Tod übernahm sein guter Freund Meister Plo Koon Swans Ausbildung.

DATENBANK
ZUGEHÖRIGKEIT: Jedi
HEIMATWELT: Kuat
SPEZIES: Mensch
GRÖSSE: 1,68 m
AUFTRETEN: II
SIEHE AUCH: Plo Koon

BUZZ-DROIDE
SABOTAGEDROIDEN DER SEPARATISTEN

BUZZ-DROIDEN SIND kleine, von der Separatistenarmee eingesetzte Droiden. In Schwärmen attackieren sie feindliche Schiffe und bahnen sich mit ihren Manövrierschubdüsen einen Weg. Sie setzen Werkzeugarme und Schweißgeräte ein, um so viel Schaden wie möglich anzurichten.

Der quirlige R2-D2 nimmt die Schwachstelle eines Buzz-Droiden ins Visier: sein primäres Fotorezeptor-Auge.

Stoßfeste Außenhülle

Kommunikationsantenne

Droidenhirn

Angegriffen
In der Schlacht von Coruscant greifen Buzz-Droiden Obi-Wans Sternenjäger an und zerstören seinen Astromech R4-P17.

Kreissäge

Primärer Fotorezeptor

Zielentfernungsmesser

Separatistische Tri-Droidenjäger
und Geiderdroiden feuern düsengetriebene Diskordanzraketen auf den Feind ab. Jede Rakete enthält bis zu sieben Buzz-Droiden, umschlossen von kugelförmigen Gehäusen, die aufspringen und die Droiden im Innern enthüllen.

DATENBANK

ZUGEHÖRIGKEIT:
  Separatisten
TYP: Sabotagedroide
HERSTELLER:
  Colicoiden-Werksnest
BREITE: 25 cm
AUFTRETEN: III
SIEHE AUCH: Obi-Wan Kenobi

C-3PO
GOLDENER PROTOKOLLDROIDE

C-3PO IST PROGRAMMIERT, in allen Belangen der Etikette und Übersetzung zu assistieren. In einer Welt voller Abenteuer ist er zwar häufig überwältigt, doch mit dem findigen R2-D2 tut er sich zum perfekten Team zusammen.

Anakin Skywalker hat das Grundskelett von C-3PO aus Schrottteilen zusammengebastelt.

- Vokabulator
- Primärer Energiekupplungsanschluss
- Verstärkte Kniegelenke
- Glänzend polierte Bronzium-Lackierung

DATENBANK

ZUGEHÖRIGKEIT: Droiden
TYP: Protokolldroide
HERSTELLER: Cybot Galactica
GRÖSSE: 1,67 m
AUFTRETEN: I–VI, CW
SIEHE AUCH: R2-D2, Anakin Skywalker, Luke Skywalker

C-3PO arbeitet anfangs für Anakin Skywalker und dessen Mutter Shmi. Dann schenkt dieser ihn Senatorin Amidala zur Hochzeit. Nach ihrem Tod fällt C-3PO in den Besitz von Bail Organa, bis Darth Vader die *Tantive IV* kapert. C-3PO entkommt nach Tatooine und wird an Luke Skywalker verkauft.

Goldener Gott

Trotz seiner Furcht vor Aufregung hat C-3PO ein abenteuerliches Dasein geführt, bei dem er oft Gliedmaßen oder Schaltkreise verlor (obgleich er sich schnell reparieren lässt). Auf Endor verehren ihn die Ewoks als „goldenen Gott", weshalb sie den Rebellen helfen und so eine wichtige Rolle beim Sieg über das Imperium spielen.

CAPTAIN ANTILLES
KAPITÄN DER *TANTIVE IV*

CAPTAIN RAYMUS ANTILLES, Kommandant von Bail Organas Flotte von Diplomatenkreuzern, wird zu Zeiten des Imperiums ein Rebell und dient unter dem Kommando von Organas Adoptivtochter Leia als Kapitän der *Tantive IV*.

Der Diplomatenkreuzer *Tantive IV* gehört der alderaanischen Königsfamilie.

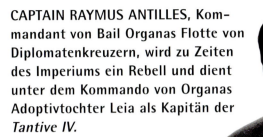

Im Würgegriff
Beim Kampf über Tatooine betritt Darth Vader die *Tantive IV* und fordert von Antilles die gestohlenen Todessternpläne. Als dieser sich weigert, wird er von Vader ermordet.

DATENBANK
ZUGEHÖRIGKEIT: Republik/Rebellenallianz
HEIMATWELT: Alderaan
SPEZIES: Mensch
GRÖSSE: 1,88 m
AUFTRETEN: III, IV
SIEHE AUCH: Bail Organa, Prinzessin Leia

Präzisionsblaster

Handgelenkschoner

Umhang als Symbol alderaanischen Adelsstands

Pilotenstiefel

Captain Antilles ist ein talentierter Pilot. Er unternahm viele wagemutige Rebellenmissionen und erzielte beachtliche Erfolge beim Durchbrechen imperialer Blockaden.

CAPTAIN NEEDA
KOMMANDANT DER *RÄCHER*

CAPTAIN NEEDA IST KOMMANDANT des imperialen Sternenzerstörers *Rächer*, der an der Suche nach den geheimen Basen der Rebellen beteiligt ist. Needa folgt dem *Falken* in ein Asteroidenfeld, verliert das Schiff jedoch am Ende.

Needa ahnt nicht, dass der *Falke* „verschwunden" ist, indem er sich an seinen Sternenzerstörer geheftet hat.

- Standard-Offiziershandschuhe
- Gürtelschnalle mit Datenspeicher
- Imperiale Offiziersuniform

Keine Gnade
Als Needa den *Falken* aus den Augen verliert, übernimmt er vor Vader die volle Verantwortung dafür. Dieser nimmt die Entschuldigung an – und erwürgt ihn dann mit der Macht.

DATENBANK
ZUGEHÖRIGKEIT: Imperium
HEIMATWELT: Coruscant
SPEZIES: Mensch
GRÖSSE: 1,75 m
AUFTRETEN: V
SIEHE AUCH: Darth Vader, Admiral Ozzel

Lorth Needa ist ein verlässlicher, skrupelloser Offizier, der in der Schlacht von Coruscant, als General Grievous Kanzler Palpatine „entführte", der Galaktischen Republik diente. Nun, als imperialer Offizier, wird Needa Vaders hohen Ansprüchen nicht gerecht.

CAPTAIN PANAKA
NABOO-SICHERHEITSCHEF

ALS SICHERHEITSCHEF von Königin Amidala auf Naboo unterstehen Captain Panaka die gesamten freiwilligen Königlichen Sicherheitskräfte. Während der Invasion erkennt Panaka die gefährliche Lage in der Galaxis und setzt sich für stärkere Sicherheitsvorkehrungen ein.

Nach Königin Amidalas Abdankung dient Panaka Königin Jamillia.

- Lederwams
- Ausrüstungsgürtel
- Mütze eines hohen Offiziers
- Streifen auf Mantel zeigen den Rang an

Hohe Verantwortung

Da Panaka die Sicherheit von Königin Amidala obliegt, begleitet er sie auf der Flucht von Naboo. Als sie heimkehrt, um ihren Thron zurückzufordern, ist Panaka an ihrer Seite und bietet ihr während der Infiltration des Palasts Feuerschutz.

DATENBANK

ZUGEHÖRIGKEIT: Republik
HEIMATWELT: Naboo
SPEZIES: Mensch
GRÖSSE: 1,83 m
AUFTRETEN: I
SIEHE AUCH: Padmé Amidala

Captain Panaka

hat in einer Sondereinheit der Republik Kampferfahrung gesammelt, als er im Sektor, zu dem auch Naboo gehört, Raumpiraten bekämpfte.

CAPTAIN TYPHO
SENATORIN AMIDALAS SICHERHEITSCHEF

CAPTAIN TYPHO genießt hohes Ansehen für seine Loyalität. Sein Onkel, Captain Panaka, war Amidalas Sicherheitschef, als sie Königin von Naboo war. Nun kümmert sich Typho um die Sicherheit der jetzigen Senatorin.

Captain Typho ist während der Klonkriege bei vielen Missionen an Amidalas Seite.

- Bei der Schlacht von Naboo verlorenes Auge
- Kunstlederhandschuhe
- Naboo-Blaster
- Sicherheitsuniform

Eine gefährliche Welt

Captain Typho begleitet Senatorin Amidala nach Coruscant, wo bei einem Attentatsversuch sieben Personen unter seinem Kommando getötet werden, einschließlich der als Padmé verkleideten Zofe Cordé. Ihm wird klar, dass sogar seine strengen Sicherheitsmaßnahmen in den gefährlichen Klonkriegen nicht ausreichen könnten.

Bei der Schlacht

von Naboo war Typho eine junge Palastwache. Trotz seiner Jugend schlug er sich wacker im Gefecht und büßte in Erfüllung seiner Pflicht ein Auge ein. Captain Typho erhielt den Posten im Dienste der Senatorin aufgrund seiner Loyalität und enger Bande zu Panaka.

DATENBANK

ZUGEHÖRIGKEIT: Republik
HEIMATWELT: Naboo
SPEZIES: Mensch
GRÖSSE: 1,85 m
AUFTRETEN: II, III, CW
SIEHE AUCH: Padmé Amidala, Captain Panaka

KANZLER VALORUM
VOR PALPATINE DAS OBERHAUPT DER REPUBLIK

BEVOR PALPATINE Oberster Kanzler wird, hat Finis Valorum das höchste Amt im Galaktischen Senat inne. Er regiert die Republik, als Kriegsschiffe der Handelsföderation eine Blockade um das friedliche Naboo errichten. Padmé Amidala macht Valorum persönlich dafür verantwortlich.

Nach Valorums Rücktritt übernimmt Senator Palpatine sein Amt und verspricht Stärke und Entschlossenheit.

Prunkvoller Übermantel

Blaue Schärpe des Obersten Kanzlers

Schwacher Anführer

Während Naboo leidet, debattiert der Senat zwar darüber, greift jedoch nicht ein. Der Sprecher Mas Amedda (der insgeheim für Palpatine arbeitet) weiß, dass diese Unentschlossenheit Valorum schwach und nutzlos wirken lässt.

DATENBANK

ZUGEHÖRIGKEIT: Republik
HEIMATWELT: Coruscant
SPEZIES: Mensch
GRÖSSE: 1,70 m
AUFTRETEN: I
SIEHE AUCH: Palpatine, Mas Amedda, Padmé Amidala

Robe aus Vedatuch

Valorum entstammt einer Politikerfamilie. Sein ganzes Leben lang wurde er auf das Amt des Obersten Kanzlers vorbereitet. Er genießt die Privilegien eines Staatsoberhaupts, allerdings macht ihn diese Einstellung bei einfachen Wählern nicht sehr beliebt.

CHEWBACCA
WOOKIEE-KRIEGER, PILOT UND REBELL

CHEWBACCA ist ein Wookiee-Krieger. In den Klonkriegen verteidigt er unter Wookiee-Anführer Tarfful seinen Planeten. Als das Imperium Chewbacca als Sklaven verkauft, wird er von Han Solo gerettet, und sie werden beste Freunde.

Die Wookiees kämpfen erbittert, doch nach der Order 66 ist alles verloren.

DATENBANK

ZUGEHÖRIGKEIT: Republik/ Rebellenallianz
HEIMATWELT: Kashyyyk
SPEZIES: Wookiee
GRÖSSE: 2,28 m
AUFTRETEN: III, IV, V, VI, CW
SIEHE AUCH: Han Solo, Tarfful

Munitionsgürtel

Bogenspanner

Wasserabweisendes Fell

Kräftige Oberschenkel

Wookiee-Mechaniker

Der mächtige Wookiee setzt seine mechanischen Fähigkeiten ein, um Solos Raumschiff funktionstüchtig zu halten. Später nutzt er sie auch, um C-3PO wiederherzustellen, als der arme Droide in der Wolkenstadt schier in Stücke geschossen wird.

Chewbacca ist Han Solos treuer Kopilot und Gefährte. Er genießt die spannenden Abenteuer, in die Solo sie immer wieder hineinbugsiert, versucht zuweilen jedoch, die Eigensinnigkeit seines Partners auszugleichen.

40

CHI EEKWAY PAPANOIDA
PANTORANISCHE SENATORIN

CHI EEKWAY PAPANOIDA ist eine junge Senatorin von Pantora, dem Mond von Orto Plutonia. Zusammen mit ihrem Vater, Baron Papanoida, gehört Chi in den Klonkriegen zum engen Beraterkreis des Obersten Kanzlers Palpatine.

Chi Eekway und Padmé Amidala sorgen sich um Palpatines Gebrauch von Notstandsvollmachten.

Vor niedrigen Temperaturen schützende, blaue Haut

DATENBANK

ZUGEHÖRIGKEIT: Republik
HEIMATWELT: Pantora
SPEZIES: Pantoranerin
GRÖSSE: 1,65 m
AUFTRETEN: III, CW
SIEHE AUCH: Baron Papanoida, Palpatine

Wroonianische Heilsteine

Verzierter Übermantel

Loyalisten

Chi Eekway ist Mitglied des vom Obersten Kanzler Palpatine einberufenen Loyalistenkomitees, das ihn in den Klonkriegen berät. Allerdings ist es möglich, dass das Komitee für ihn lediglich ein Weg ist, Politiker im Auge zu behalten, die er als potenzielle Feinde betrachtet.

Chi Eekway ist entschlossen und geduldig. Sie macht sich ihre Jugend und ihr Einfühlungsvermögen zunutze, um ihre Heimat, die unabhängige Welt Pantora, zu repräsentieren. In den Klonkriegen werden Chi und ihre Schwester erfolglos entführt, um Pantora dazu zu zwingen, sich der Konföderation anzuschließen.

HÄUPTLING CHIRPA
EWOK-OBERHAUPT

HÄUPTLING CHIRPA ist dem Hellerbaum-Stamm auf dem Waldmond Endor seit 42 Jahren ein weiser Anführer. Als seine Ewoks einen Rebellentrupp gefangen nehmen, lässt er sich allein von C-3PO, den die abergläubischen Ewoks für einen „goldenen Gott" halten, davon abbringen, die Fremden zu opfern.

Der Hellerbaum-Stamm lebt in einem Dorf hoch oben in den Baumwipfeln.

DATENBANK

ZUGEHÖRIGKEIT: Republik/Rebellenallianz
HEIMATWELT: Endor
SPEZIES: Ewok
GRÖSSE: 1 m
AUFTRETEN: VI
SIEHE AUCH: Logray, Teebo

- Kapuze
- Herrschaftsstab
- Häuptlingsmedaillon
- Jagdmesser

Neue Rekruten

Nachdem sie C-3POs Bericht über den Widerstand gegen das Imperium gelauscht haben, sorgt Chirpa dafür, dass sich die Ewoks dem Kampf anschließen. In der Schlacht von Endor setzen sie ihre ganze List und Wildheit ein, um die imperiale Armee zu besiegen.

Chirpa führt sein Volk mit viel Verständnis, obgleich er auf seine alten Tage etwas vergesslich geworden ist. Auf seinen Befehl hin stellen sich die Ewoks dem gefährlichen Kampf gegen das Imperium.

CIN DRALLIG
JEDI-SCHWERTMEISTER

JEDI-MEISTER CIN DRALLIG ist Schwertmeister im Jedi-Tempel und wurde von Yoda persönlich ausgebildet. Später gibt der talentierte Drallig sein Wissen weiter, indem er viele Schüler im Lichtschwertkampf unterweist, darunter Obi-Wan Kenobi und Anakin Skywalker.

Drallig und viele weitere junge und alte Jedi sterben bei Vaders entsetzlichem Angriff auf den Jedi-Tempel.

Kampfhaltung

Jedi-Gewand

Ausrüstungstasche

Schlichte Hose

DATENBANK

ZUGEHÖRIGKEIT: Jedi
HEIMATWELT: Lavisar
SPEZIES: Mensch
GRÖSSE: 1,77 m
AUFTRETEN: III
SIEHE AUCH: Yoda, Obi-Wan Kenobi, Anakin Skywalker

Vaders Amoklauf

Eine Überwachungskamera im Jedi-Tempel hält Dralligs Ermordung durch Darth Vader fest. Yoda und Obi-Wan Kenobi finden seinen Leichnam, als sie in den Tempel zurückkehren, um das Notsignal neu zu programmieren und alle überlebenden Jedi aufzufordern, ins Exil zu fliehen.

Obwohl er zum Zeitpunkt von Vaders Angriff auf den Jedi-Tempel der beste Schwertkämpfer des Ordens ist, ist selbst der hoch angesehene Cin Drallig außerstande, den wütenden Sith-Lord zu bezwingen.

CLIEGG LARS
SHMI SKYWALKERS EHEMANN

ALS DER TATOOINISCHE Feuchtfarmer Cliegg Lars in Mos Espa nach Ersatzteilen für Arbeitsgerät sucht, begegnet er einer Sklavin und verliebt sich in sie. Diese Sklavin ist Shmi Skywalker, Anakin Skywalkers Mutter. Um Shmi heiraten zu können, kauft er sie frei von Watto, dem fliegenden Schrotthändler, dem sie gehört.

Bei dem Versuch, Shmi aus der Hand von Tusken-Räubern zu befreien, verliert Cliegg ein Bein.

DATENBANK
ZUGEHÖRIGKEIT: Republik
HEIMATWELT: Tatooine
SPEZIES: Mensch
GRÖSSE: 1,83 m
AUFTRETEN: II
SIEHE AUCH:
Shmi Skywalker, Owen Lars, Beru Lars

- Werkzeuggürtel
- Abgetragene Arbeitskleidung

Gebrochenes Herz
Cliegg verliert Shmi, als Tusken-Räuber sie entführen und töten. Auch nach ihrem Tod will er weiter das Leben führen, das er sich so mühevoll aufgebaut hat. Trauriger-weise stirbt er jedoch kurz darauf an seiner Beinverletzung und einem gebrochenen Herzen.

Clieggs Vater war ein Farmer von Tatooine, doch der junge Cliegg wollte das Leben der Kernwelten kennenlernen. Hier heiratete er Aika und bekam mit ihr einen Sohn, Owen. Als Aika starb, kehrte er nach Tatooine zurück und übernahm den Familienbetrieb.

KLONPILOT
SPEZIALISIERTE KLONFLIEGER

VON BEGINN der Klonkriege an saßen Klone am Steuer der TFAT-Kanonenboote. Im Laufe des Krieges folgte eine neue Generation auch für die hyperraumtauglichen ARC-170- und V-Flügel-Sternenjäger.

Ein Pilot sowie ein Kopilot und Schütze fliegen in der Schlacht von Coruscant einen ARC-170-Jäger.

- Blendschutzvisier
- Luftversorgungsschlauch
- Atemgeräteinheit
- Tasche für Flugdatenaufzeichnungen

DATENBANK
ZUGEHÖRIGKEIT: Republik/Imperium
SPEZIES: Mensch
STANDARDAUSRÜSTUNG: DC-15S-Blaster, Thermaldetonatoren, Munition
AUFTRETEN: II, III, CW
SIEHE AUCH: Klonsoldat

In der Schlacht
von Coruscant tragen die meisten Klonpiloten Phase-II-Pilotenrüstungen und Helme mit Blendschutzvisieren. V-Flügler-Piloten tragen jedoch geschlossene Helme, da sich keine Lebenserhaltungssysteme an Bord befinden.

Kanonenboot-Piloten
Zu Beginn der Klonkriege, in der Schlacht von Geonosis, fliegen Klonpiloten TFAT/i- und TFAT/f-Kanonenboote. Sie tragen Phase-I-Kampfrüstungen mit gelben Markierungen und geschlossene Spezialhelme.

KLONSOLDAT (PHASE I)
KLONKRIEGER DER ERSTEN GENERATION

DIE ERSTEN KLONE sind aufgrund der Art ihrer Rüstung als Phase-I-Truppen bekannt. In den Klonanlagen auf Kamino geboren und aufgewachsen, sind sie allein für den Kampf ausgebildet worden und fühlen sich nahezu unbesiegbar.

Klontruppen werden von republikanischen Angriffsschiffen abgesetzt, die auch Kanonenboote an Bord haben.

- Atemfilter
- DC-15-Blaster
- Schenkelpanzer
- Ausrüstungsgürtel
- Sohlen mit hoher Bodenhaftung

Erstschlag

Als die Droidenarmee der Separatisten ihren ersten groß angelegten Angriff auf Geonosis startet, bleibt dem Senat nichts anderes, als eine Armee von Klonsoldaten zu entsenden, die noch gar nicht richtig aufgestellt ist. Unter dem fähigen Kommando der Jedi zwingen die Klone die Droiden zum Rückzug.

DATENBANK

ZUGEHÖRIGKEIT: Republik
HEIMATWELT: Kamino
SPEZIES: Mensch
GRÖSSE: 1,83 m
AUFTRETEN: II, CW
SIEHE AUCH: Klonsoldat (Phase II), Klonpilot, Jango Fett

Phase-I-Rüstung basiert auf Jango Fetts mandalorianischer Stoßtruppenrüstung. Sie besteht aus zwanzig Panzerplatten und wird oft als „Körperkübel" bezeichnet, weil sie so schwer und unbequem ist.

KLONSOLDAT (PHASE II)
KLONKRIEGER DER ZWEITEN GENERATION

BEI DER SCHLACHT von Coruscant sieht man vom Kampf gezeichnete Klonsoldaten in der verbesserten Phase-II-Rüstung. Da sie doppelt so schnell altern wie normale Menschen, sind bloß noch zwei Drittel der ursprünglichen Klonarmee am Leben. Auch auf anderen Planeten werden Klone mit Zellen von neuen Spendern herangezüchtet.

Die Klontruppen sind die beste militärische Streitmacht der Galaxis.

Überlegene Soldaten
Klontruppen sind mit fortschrittlicheren Körperpanzern und Atemgeräten ausgerüstet als die Separatisten, weshalb sie die Reihen der Kampfdroiden ohne Mühe niedermähen.

Im Kampf beschädigter Brustpanzer

Reserve-Blastermagazin

Knieplatte

DATENBANK
ZUGEHÖRIGKEIT: Republik/Imperium
HEIMATWELT: Kamino
SPEZIES: Mensch
GRÖSSE: 1,83 m
AUFTRETEN: III, CW
SIEHE AUCH: Klonsoldat (Phase I)

Phase-II-Rüstung ist widerstandsfähiger und vielseitiger als die der Phase I und in vielen Spezialausführungen verfügbar.

DC-15-Standardblaster mit Klappschaft

COLEMAN TREBOR
VURK-JEDI-MEISTER

JEDI-MEISTER Coleman Trebor bringt als geschickter Unterhändler jeden Streit zu einem harmonischen Ende. Er ist auch ein fähiger Lichtschwertkämpfer und so einer derjenigen, die Dooku auf Geonosis die Stirn bieten.

Nach dem Tod von Yarael Poof wird Coleman Trebor Mitglied des Hohen Rats der Jedi.

Ein Leben lang wachsender, knochiger Kopfkamm

Robuste Reptilienhaut

Kampf gegen Dooku
Auf Geonosis packt Coleman Trebor die Gelegenheit beim Schopf, Count Dooku zu stellen, und startet einen Überraschungsangriff auf den Separatistenanführer. Doch der Kopfgeldjäger Jango Fett feuert rasch mit dem Blaster auf den edlen Jedi, der daraufhin zu Tode stürzt.

Nahrungs- und Energiekapseln

DATENBANK
ZUGEHÖRIGKEIT: Jedi
HEIMATWELT: Sembla
SPEZIES: Vurk
GRÖSSE: 2,13 m
AUFTRETEN: II
SIEHE AUCH: Yarael Poof, Count Dooku

Coleman Trebor ist ein Vurk vom Wasserplaneten Sembla. Viele halten seine Spezies für primitiv, doch sie sind hocheinfühlsam und abgeklärt. Trebors Machtpotenzial wurde früh erkannt, und so trat er dem Jedi-Orden bei – angeblich der einzige Vurk, der das jemals tat.

Jedi-Mantel

COLO-KLAUENFISCH
SEEUNGEHEUER VON NABOO

DIESES SCHLANGENÄHNLICHE RAUBTIER aus den Seen Naboos kann Beute verschlingen, die größer ist als der eigene Schädel, da sein Kiefer dehnbar und die Haut sehr elastisch ist. Als Qui-Gon Jinn, Obi-Wan Kenobi und Jar Jar Binks mit einem Bongo nach Theed reisen, werden sie von einem Colo-Klauenfisch attackiert.

Colos leben in den Tiefen von Naboos Seen, die die Unterwasserstadt Otoh Gunga umgeben.

DATENBANK

HEIMATWELT: Naboo
LÄNGE: 40 m
NAHRUNG: Fleischfresser
LEBENSRAUM: Seen, Meere
AUFTRETEN: I
SIEHE AUCH: Opee-Killerfisch, Sando-Aquamonster

Brutale Fänge

Der Colo verdaut Beute wegen seiner kaum aggressiven Magensäure nur langsam. Daher muss er sie mit seinen Giftzähnen betäuben, ehe er sie verschlingt. So kann sich die gefressene Kreatur nicht wieder ihren Weg aus dem Magen des Colos nach draußen bahnen.

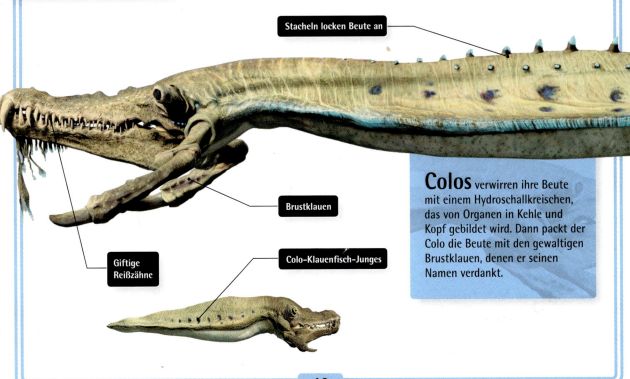

Stacheln locken Beute an

Brustklauen

Giftige Reißzähne

Colo-Klauenfisch-Junges

Colos verwirren ihre Beute mit einem Hydroschallkreischen, das von Organen in Kehle und Kopf gebildet wird. Dann packt der Colo die Beute mit den gewaltigen Brustklauen, denen er seinen Namen verdankt.

COMMANDER BACARA
KI-ADI-MUNDIS KLONKOMMANDANT

KLONKOMMANDANT BACARA (auch bekannt als CC-1138) ist ein ARC-Soldat. Die ARC-Ausbildung macht aus den Klonen Anführer, die sich durch eigenständiges Denken auszeichnen. Bacara dient Jedi-Meister Ki-Adi-Mundi.

Bacara und seine Galaktischen Marines kämpfen auf Mygeeto in Schneerüstung.

Vor der ARC-Ausbildung war Bacara einer der wenigen, die von einem ehemaligen Protektorgesellen (den Gesetzeshütern von Fetts Heimatwelt Concord Dawn) trainiert wurden und nicht von den handverlesenen mandalorianischen Ausbildern. Für einige erklärt das Bacaras Ruf als Einzelgänger.

- Schneesturm-Wangenschutz
- DC-15-Blastergewehr
- Ausrüstungsgürtel
- Knieschutzpanzer

Schlacht von Mygeeto

Commander Bacara kämpft an der Seite von Ki-Adi-Mundi in vielen Schlachten. Am Ende der Klonkriege führt es die beiden auf die schneebedeckte Welt Mygeeto, wo republikanische Truppen seit zwei Jahren gegen Droiden kämpfen. Bacara führt seine Marines durch die Städte des Planeten.

DATENBANK

ZUGEHÖRIGKEIT: Republik/Imperium
HEIMATWELT: Kamino
SPEZIES: Mensch
GRÖSSE: 1,83 m
AUFTRETEN: III
SIEHE AUCH: Ki-Adi-Mundi, Klonsoldat (Phase II)

COMMANDER BLY

AAYLA SECURAS KLONKOMMANDANT

COMMANDER BLY ist ein Klon von Jango Fett. Er gehörte zur ersten Gruppe von Klonkommandanten, die durch ARC-Soldaten ausgebildet wurden. Blys Bestreben gilt stets ganz dem Erfolg seiner jeweiligen Mission.

Nach der Order 66 wandte sich Bly gegen die Republik und diente dem Imperium.

Helm mit Sauerstoffversorgung

Farbe kennzeichnet Legionszugehörigkeit.

DATENBANK

ZUGEHÖRIGKEIT: Republik/ Imperium

HEIMATWELT: Kamino

SPEZIES: Mensch

GRÖSSE: 1,83 m

AUFTRETEN: III, CW

SIEHE AUCH: Aayla Secura, Klonsoldat (Phase II), Jango Fett

Schnellzughalfter für DC-17-Repetierhandblaster

Kaltblütiger Klon

Commander Bly und Jedi-Generalin Aayla Secura verfolgen gerade die Separatistenanführerin Shu Mai auf dem exotischen Planeten Felucia, als Bly Palpatines Order 66 erhält. Ohne zu zögern, erschießt er die Jedi, der er in vielen gefährlichen Missionen gedient hat.

Klonkommandant CC-5052,
oder Bly, arbeitet eng mit Jedi-Generalin Aayla Secura zusammen und schätzt ihre Hingabe bei der Erfüllung einer Mission.

Von Bombensplittern schartige Plastoidrüstung

Stiefel mit hoher Bodenhaftung

COMMANDER CODY
OBI-WAN KENOBIS KLONKOMMANDANT

KLONEINHEIT 2224, bekannt als Commander Cody, wird oft Jedi-General Kenobi unterstellt. Er ist einer der ursprünglichen Klone von Kamino. Durch eine Zusatzausbildung hat er Führungsqualitäten.

Codys letzte loyale Tat: Er gibt Kenobi das zuvor verlorene Lichtschwert zurück.

Atemfilter

DC-15A-Standard-blaster

DATENBANK

ZUGEHÖRIGKEIT: Republik/Imperium

HEIMATWELT: Kamino

SPEZIES: Mensch

GRÖSSE: 1,83 m

AUFTRETEN: III, CW

SIEHE AUCH: Klonsoldat, Obi-Wan Kenobi

Unter Sidious' Kommando

Cody kämpft in den Klonkriegen loyal und tapfer an der Seite von General Kenobi, auch auf Utapau. Zwischen ihnen besteht eine lockere Kameradschaft. Doch als Cody Palpatines Order 66 erhält, die besagt, alle Jedi zu töten, kommt er dem Befehl ohne zu zögern nach.

Von Granatsplittern schartige Plastoidrüstung

Farbe kennzeichnet Legionszugehörigkeit.

Klonkommandanten
wie Cody verwenden neben ihrer Nummernkennung einen Namen. Die Jedi und fortschrittlich denkende Offizielle der Republik haben diesen Brauch eingeführt, um eine zunehmende Kameradschaft zu fördern. Aus diesem Grund wird CC-2224 Cody genannt.

Stiefel mit hoher Bodenhaftung

COMMANDER GREE
LEITENDER KLONKOMMANDANT AUF KASHYYYK

COMMANDER GREE befehligt in den Klonkriegen das 41. Elitekorps. Unter Jedi-Generalin Luminara Unduli ist das 41. auf Langzeitmissionen auf fremden Welten spezialisiert. Gree nutzt sein Wissen über fremdartige Spezies, um beim Aufbau von Allianzen mit Einheimischen zu helfen.

Letztlich nur Palpatine treu ergeben, greift Gree Yoda an. Doch dieser tötet den Klon.

Wookiee-Verteidiger
Gree dient in der Schlacht von Kashyyyk unter Jedi-Meister Yoda. Grees Tarnrüstung bietet ihm Schutz in den grünen Urwäldern des Wookiee-Planeten. Seine kampfgestählten Klontruppen sind ebenfalls für den Dschungelkampf gerüstet.

Kloneinheit
1004 wählte den Namen Gree, um sein Interesse an den fremden Kulturen auszudrücken, die sich in der Galaxis finden. Die Gree sind eine kaum bekannte Alien-Spezies.

- Polarisierendes T-Visier
- Tarnmuster
- Waffen- und Munitionsgürtel
- Verstärkte Kampfstiefel
- Rüstungsplatten werden häufig ersetzt.

DATENBANK
ZUGEHÖRIGKEIT: Republik
HEIMATWELT: Kamino
SPEZIES: Mensch
GRÖSSE: 1,83 m
AUFTRETEN: III, CW
SIEHE AUCH: Yoda, Luminara Unduli

COMMANDER NEYO
STASS ALLIES KLONKOMMANDANT

COMMANDER NEYO gehört dem 91. Aufklärungskorps an, das häufig auf BARC-Gleiter zurückgreift. In den Klonkriegen kämpft Neyo während der Belagerungen im Äußeren Rand in vielen Schlachten.

Neyo dient zusammen mit Jedi Stass Allie bei der Belagerung des Separatistenplaneten Saleucami.

- Verbesserter Atemfilter
- Eingebautes Komlink
- Ausrüstungsfach
- Regimentsmarkierung
- ARC-Kommandoschärpe

Neyo, oder Einheit 8826, ist einer der ersten hundert Absolventen der experimentellen Klonkommandanten-Ausbildung auf Kamino. Allein für den Kampf gezüchtet, hat Neyo eine bestürzend kalte Persönlichkeit entwickelt.

Klon-Verrat

Als die Republik Saleucami eingenommen hat, bleibt Neyo dort, um die letzten Widerstandsnester zu zerschlagen. Bei einer Gleiterpatrouille mit Stass Allie empfängt er die Order 66 und richtet seine Laserkanonen auf die Jedi-Generalin.

DATENBANK

ZUGEHÖRIGKEIT: Republik/Imperium
HEIMATWELT: Kamino
SPEZIES: Mensch
GRÖSSE: 1,83 m
AUFTRETEN: III
SIEHE AUCH: Stass Allie, Klonsoldat (Phase II)

COUNT DOOKU
SEPARATISTENANFÜHRER UND SITH-LORD

COUNT DOOKU war einst ein Jedi-Meister. Doch sein unabhängiger Geist entfremdete ihn vom Orden, und er wurde der Sith-Schüler Darth Tyranus. Als Dooku führt er die Separatistenbewegung an, die sich von der Republik unabhängig machen will.

Gefangen zwischen Anakins Klingen, ist Dooku nicht auf Sidious' Verrat vorbereitet.

Count Dooku ist einer der reichsten Männer der Galaxis. Er nutzt Wohlstand und Macht, um zahlreiche Sternensysteme davon zu überzeugen, sich seiner Separatistenbewegung anzuschließen.

Umhang eines Grafen von Serenno

Gebogenes Lichtschwert

Gürtel mit Komlink und geheimen Waffen

Einlage aus kostbarem Stoff

Sith-Fähigkeiten

Count Dooku ist ein mächtiger Gegner. Er beherrscht die uralte Form II des Lichtschwertkampfes, die sich durch elegante Bewegungen auszeichnet. Er kann zudem tödliche Machtblitze aus den Fingerspitzen entfesseln.

Stiefel aus seltenem Rancorleder

DATENBANK

ZUGEHÖRIGKEIT: Sith
HEIMATWELT: Serenno
SPEZIES: Mensch
GRÖSSE: 1,93 m
AUFTRETEN: II, III, CW
SIEHE AUCH: Palpatine, Anakin Skywalker

KRABBENDROIDE
SECHSBEINIGE KAMPFDROIDEN

DIE KRABBENDROIDEN DER SEPARATISTEN – den Klonsoldaten auch als „Dreckzecken" bekannt – werden in den Klonkriegen auf sumpfigen Planeten wie Utapau eingesetzt. Die schwer gepanzerten Droiden gibt es als kleine Spionagedrohnen bis hin zu mächtigen Schneisenbrechern. Sie wühlen sich auch durch Schlamm, um Pfade für die Infanterie zu schaffen.

Die Techno-Union produziert große Mengen der in den Klonkriegen entwickelten Krabbendroiden.

DATENBANK

ZUGEHÖRIGKEIT: Separatisten
GRÖSSE: 1,49 m
AUFTRETEN: III, CW
SIEHE AUCH: Kampfdroide, Zwergspinnendroide

Schwachstelle

Bei der Schlacht von Utapau sind die Krabbendroiden eine echte Gefahr für die Klontruppen. Doch einige tapfere Soldaten entgehen ihren Zielsensoren und finden hinter der vorderen Panzerung die Schwachstelle ihrer Gegner.

- Panzerplastschutz
- Sensorleuchte
- Duraniumstabilisator gräbt sich in felsigen Grund.
- Zwillingsblaster

Krabbendroiden haben kräftige Beine, die sie mit hohem Tempo über unebenes Gelände und sogar Felswände hinauf tragen. Ihre Vordergreifer dienen zudem als Vakuumpumpen, die Schlick einsaugen und wieder „ausspucken".

DARTH MAUL
SITH-SCHÜLER

DARTH MAUL ist Darth Sidious' Schüler und einer der gefährlichsten und bestausgebildeten Sith in der Gesichte des Ordens. Sein gesamter Körper ist mit Symbolen tätowiert, die seine Wurzeln beim Kriegerstamm der Nachtbrüder von Dathomir zeigen.

Maul trifft sich mit seinem Sith-Meister Sidious.

Darth Sidious begann mit der Ausbildung seines Schülers, als Maul noch jung war. Maul dient seinem Sith-Meister ergeben und glaubt, dass er selbst die ultimative Macht noch früh genug erlangen wird.

Gesichtstattoos

DATENBANK

ZUGEHÖRIGKEIT: Sith
HEIMATWELT: Dathomir
SPEZIES: Dathomirianer
GRÖSSE: 1,75 m
AUFTRETEN: I, CW
SIEHE AUCH: Qui-Gon Jinn, Obi-Wan Kenobi, Palpatine

Kampfrobe

Lichtschwertklinge ist rot von der Kristallart im Innern.

Maul gegen Kenobi

Maul, der während der Invasion von Naboo Königin Amidala gefangen nehmen soll, gibt zwei Jedi die seltene Gelegenheit, gegen einen ausgebildeten Sith-Krieger zu kämpfen. Jedi-Meister Qui-Gon Jinns erstes Duell mit Maul findet auf Tatooine statt. Auf Naboo trifft er ihn gemeinsam mit Obi-Wan Kenobi, der den Sith schließlich besiegt.

Doppelklingen-Lichtschwert

Schwere Kampfstiefel

DARTH VADER
DUNKLER LORD DER SITH

DER DÜSTERE, UNHEILVOLLE Darth Vader ist Imperator Palpatines Sith-Schüler und ein gefürchteter Militärkommandant. Vaders Wissen um die dunkle Seite der Macht lässt jeden erzittern.

Darth Vader bestreitet den Kampf, der dazu führt, dass er auf eine lebenserhaltende Rüstung angewiesen ist.

- Stimmprojektor/Atemmaske
- Kontrollfunktionstafel
- Systemfunktionsanzeige
- Sith-Klinge
- Umhang

DATENBANK

ZUGEHÖRIGKEIT: Sith
HEIMATWELT: Tatooine
SPEZIES: Mensch
GRÖSSE: 2,02 m (in Rüstung)
AUFTRETEN: III, IV, V, VI
SIEHE AUCH: Palpatine, Luke Skywalker

Vater und Sohn

Als Vader erfährt, dass Luke Skywalker sein Sohn ist, will er Luke auf die Dunkle Seite ziehen und mit ihm über die Galaxis herrschen. Doch Luke glaubt an das Menschliche unter Vaders Rüstung und widersetzt sich.

Nach Vaders beinahe tödlichem Duell mit Obi-Wan Kenobi auf Mustafar steckt Palpatine seinen Schüler in eine schwarze Rüstung. Ohne die konstanten Lebenserhaltungsfunktionen seines Anzugs ist Vader außerstande zu überleben.

TODESSTERNSCHÜTZE
IMPERIALE WAFFENEXPERTEN

TODESSTERNSCHÜTZEN bemannen die schrecklichen Waffen der imperialen Kampfschiffe und Militärbasen sowie die Gefechtsstationen des Todessterns. Sie verfügen über ausgezeichnete Kenntnisse von mächtigen Turbolasern und Ionenkanonen.

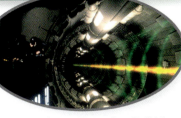

Auf Plattformen überwachen die Schützen die gewaltige Energie des Todesstern-Superlasers.

Helm zum Schutz der Augen vor hellen Lichtblitzen durch Feindbeschuss

DATENBANK
ZUGEHÖRIGKEIT: Imperium
SPEZIES: Mensch
GRÖSSE: um 1,80 m
AUFTRETEN: IV, VI
SIEHE AUCH: AT-AT-Pilot, AT-ST-Pilot, Sturmtruppler

Turbolaser-Schützen
Die großen Kriegsschiffe und der Todesstern des Imperiums starren vor Turbolasern. Ein Team von Schützen bemannt diese schweren Kanonen, die auf Türmen rotieren. Sie überwachen die Aufladephasen und Hitzelevel, während sie Ziele anvisieren. Ein einziger Schuss kann einen feindlichen Sternenjäger zerstören.

Energieschutzstoff

Gravitationsdruckstiefel

Die Imperiale Flotte
rüstet die Schützen des Todessterns mit besonderen Helmen aus. Die schlitzartigen Visiere schützen die Augen vor hellen Blitzen und dem Licht des Turbolaser- und Superlaserfeuers. Viele Schützen finden jedoch, dass die Helme ihre Rundumsicht einschränken.

DEPA BILLABA
MITGLIED DES HOHEN RATS DER JEDI

JEDI-MEISTERIN Depa Billaba dient im Hohen Rat der Jedi und erfüllt Missionen auf Nar Shaddaa und Haruun Kal. Unter dem Druck der Schlacht erliegt Depa der dunklen Seite der Macht.

Den verschiedenen Meinungen ihrer Jedi-Gefährten setzt Billaba eine nüchterne Perspektive entgegen.

- Chalactanische Male der Erleuchtung
- Jedi-Mantel verbirgt praktische Kampftunika
- Als eine von wenigen beherrscht Billaba die anspruchsvolle Form VII: die von Mace Windu entwickelte Lichtschwerttechnik Vaapad.
- Lichtschwert am Mehrzweckgürtel unter der Robe

Jedi-Gemeinschaft
Jedi-Meister Mace Windu rettete Billaba vor den Raumpiraten, die ihre Eltern töteten. Später nahm Windu Billaba als Padawanschülerin an. Im Laufe der Jahre bauten die beiden eine enge Beziehung zueinander auf.

DATENBANK
ZUGEHÖRIGKEIT: Jedi
HEIMATWELT: Chalacta
SPEZIES: Chalactanerin
GRÖSSE: 1,68 m
AUFTRETEN: I, II
SIEHE AUCH: Mace Windu, Yoda, Qui-Gon Jinn

Depa Billaba
ist weise und spirituell. Zu Ehren ihrer Eltern pflegt sie die traditionelle Kultur ihrer Welt Chalacta. Doch als sie in einem brutalen Guerillakrieg auf Mace Windus Heimatplanet Haruun Kal kämpft, verfällt sie der Dunklen Seite.

60

TAURÜCKEN
TATOOINISCHE REPTILIEN

DIE GROSSEN TAURÜCKEN leben auf dem Wüstenplaneten Tatooine. Einheimische benutzen die Echsen zum Transport schwerer Lasten und als Reittiere. Zur Zeit des Imperiums reiten imperiale Sturmtruppen auf ihnen, weil ihre Fahrzeuge zu anfällig für Sand und Hitze sind.

C-3PO und R2-D2 sehen nervös zu, wie ein Sandtruppler absteigt und einen Einheimischen befragt.

Suchpatrouille

Eine Sandtruppeneinheit durchsucht die Wüste nach Spuren der Droiden, die mit den gestohlenen Plänen des Todessterns von Prinzessin Leias Schiff geflohen sind. Imperiale Sandtruppen reiten bei Sicherheits- und Militärpatrouillen häufig auf Taurücken.

DATENBANK
HEIMATWELT: Tatooine
GRÖSSE: 1,80 m
ERNÄHRUNG: Allesfresser
LEBENSRAUM: Wüste
AUFTRETEN: I, VI
SIEHE AUCH: Sandtruppler

Taurücken sind von Natur aus Einzelgänger, in der Wüste aber auch in kleinen Gruppen von zwei bis fünf Tieren anzutreffen. Tagsüber suchen sie nach Nahrung und Wasser. Wenn es nachts kühler wird, werden sie träge und drängen sich aneinander, um sich warm zu halten.

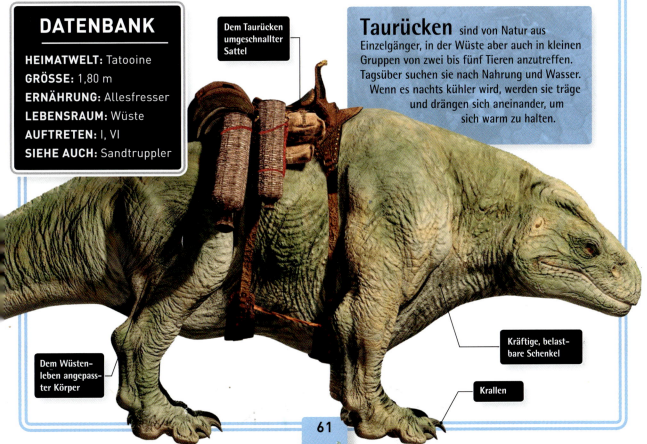

- Dem Taurücken umgeschnallter Sattel
- Dem Wüstenleben angepasster Körper
- Kräftige, belastbare Schenkel
- Krallen

DEXTER JETTSTER
BESALISKEN-INFORMANT UND KOCH

DER VIERARMIGE Besalisk Dexter Jettster betreibt ein Lokal auf Coruscant. Dexter ist ein Individuum mit vielen Kontakten. Darum sucht Obi-Wan Kenobi bei ihm Informationen über den merkwürdigen vergifteten Säbelpfeil, mit dem die Attentäterin Zam Wesell getötet wurde.

Dexter ist in seinem Lokal in einem schäbigen Teil Coruscants Chefkoch und Tellerwäscher in einem.

Der ruppige, aber gutherzige Dexter Jettster hat schon an Bord eines Raffinerieschiffes die Galaxis bereist, war Barmann, Schläger und gar Waffenschmuggler. Auf Coruscant hat er mit seinem Lokal einen Neuanfang gewagt.

Kamm männlicher Besalisken

Informant
Unter Dexters schlampigem Äußeren verbergen sich eine scharfe Beobachtungsgabe und ein unfehlbares Gedächtnis. Selbst einem Jedi-Ritter wie Obi-Wan Kenobi kann er wichtige Informationen liefern.

Kräftiger Arm

Geschickte Finger

DATENBANK
ZUGEHÖRIGKEIT: Republik
HEIMATWELT: Ojom
SPEZIES: Besalisk
GRÖSSE: 1,90 m
AUFTRETEN: II
SIEHE AUCH: Obi-Wan Kenobi

DOKTOR EVAZAN
MORDLUSTIGER KRIMINELLER

DER MEHRFACH ZUM TODE verurteilte Doktor Evazan ist berüchtigt dafür, die Gliedmaßen von Lebewesen neu anzuordnen. Evazan und sein Partner Ponda Baba haben zudem Spaß an Schlägereien und schießen gerne Unschuldige nieder.

Evazan und Ponda Baba ziehen ihre Blaster: Barmann Wuher duckt sich, doch Kenobi bleibt gelassen.

Narben im Gesicht

DATENBANK

ZUGEHÖRIGKEIT: keine
HEIMATWELT: Alsakan
SPEZIES: Mensch
GRÖSSE: 1,70 m
AUFTRETEN: IV
SIEHE AUCH: Ponda Baba

Waffengürtel

Halfter

Krimineller Schläger

Evazan ist ein Schmuggler und Mörder mit vielen Feinden in der ganzen Galaxis. Einst versuchte ein Kopfgeldjäger, ihn zu töten, und entstellte dabei sein Gesicht. Der aqualishanische Unruhestifter Ponda Baba rettete ihn und wurde sein Partner.

Evazan war einst ein vielversprechender Chirurg. Doch während seiner Ausbildung wurde er vom Wahnsinn befallen. Heutzutage praktiziert er „kreative Chirurgie" (ohne die Hilfe von Droiden) an Hunderten von Opfern, die er schrecklich entstellt.

DROIDEKA
ZERSTÖRERDROIDEN

DROIDEKAS SIND EFFEKTIVE Zerstörungsmaschinen und stehen Kampfdroiden im Einsatz gegen entschlossene Feinde zur Seite. Sie entfalten sich innerhalb von Sekunden aus ihrer Radform in eine kampfbereite, stehende Position. Zudem verfügen sie über eigene Deflektorschildgeneratoren, um sich gegen Feindbeschuss zu schützen.

Um die optimale Geschwindigkeit zu erreichen, klappen Droidekas zur Form eines Rades zusammen.

Furchterregende Droiden
Von einer Schwermetalllegierung und Panzerplatten ummantelt, mähen Droidekas Soldaten mühelos im Dutzend nieder. Ihr Deflektorschildgenerator kann Pistolenschüsse vollständig abwehren und starke Energiegeschosse abschwächen.

- Sensorkopf
- Zwillingsblaster
- Minireaktorkapsel
- Bewegliches Bein

Die Colicoiden,
eine insektoide Spezies vom Planeten Colla IV, entwickelten die Droidekas nach eigenem Abbild. Colicoiden sind bekannt für ihre vollkommen gefühllose und mörderische Art. Die Handelsföderation bezahlte die Colicoiden anfangs mit exotischem Fleisch für die Droidenlieferungen.

DATENBANK
ZUGEHÖRIGKEIT: Separatisten
TYP: Zerstörerdroide
HERSTELLER: Colicoiden
GRÖSSE: 1,83 m
AUFTRETEN: I, II, III, CW
SIEHE AUCH: Kampfdroide, Superkampfdroide

64

DROOPY McCOOL
FLÖTIST DER MAX-REBO-BAND

DROOPY McCOOL ist Hauptflötist der Max-Rebo-Band, Jabbas Hofmusikern. Droopy ist ein exzentrischer, mystisch veranlagter Kitonak. Sein echter Name ist eine Reihe von flötenartigen Pfeifgeräuschen und für andere Spezies unaussprechlich.

Nach Jabbas Tod verschwindet McCool in der Wüste.

Winzige Augen in Hautfalte verborgen

Chidinkalu-Flöte

Körper sondert einen vanilleartigen Geruch ab.

Robuste, ledrige Haut

Jam-Session
Der gelassene Droopy bekommt nicht viel von dem mit, was um ihn herum geschieht. Er hört nur selten auf den Künstlernamen, den Max Rebo ihm gegeben hat – Droopy spielt einfach bloß seine Musik.

McCool
sehnt sich nach der Gesellschaft eines Artgenossen und behauptet, er hätte in den Wüsten Tatooines die Stimmen anderer Kitonaks gehört.

DATENBANK
ZUGEHÖRIGKEIT: Jabbas Gefolge
HEIMATWELT: Kirdo III
SPEZIES: Kitonak
GRÖSSE: 1,60 m
AUFTRETEN: VI
SIEHE AUCH: Max Rebo, Jabba der Hutt

ZWERGSPINNENDROIDE
VIERBEINIGE KRIEGSDROIDEN

DIE ZWERGSPINNENDROIDEN der Handelsgilde sind robuster als Kampfdroiden. Ihre vier Beine wurden für unwegsames Terrain auf felsigen Minenplaneten entwickelt. Ihre Bewaffnung besteht aus am Kopf angebrachten Blasterkanonen, die effektiv gegen Bodentruppen sind, jedoch auch problemlos kleinere Fahrzeuge zerstören können.

Der Zwergspinnendroide verfügt über verheerende Feuerkraft, doch von hinten ist er verwundbar.

DATENBANK

ZUGEHÖRIGKEIT: Separatisten
TYP: Kampfdroide
HERSTELLER: Baktoid Rüstungswerke
GRÖSSE: 1,98 m
AUFTRETEN: II, CW
SIEHE AUCH: Kampfdroide, Spürspinnendroide

Zwergspinnendroiden sprechen eine Art binärer Droidensprache und drücken bisweilen auch Frustration aus. Wenn sie auf dem Schlachtfeld in Bedrängnis geraten, können sie einen Selbstzerstörungsmechanismus aktivieren.

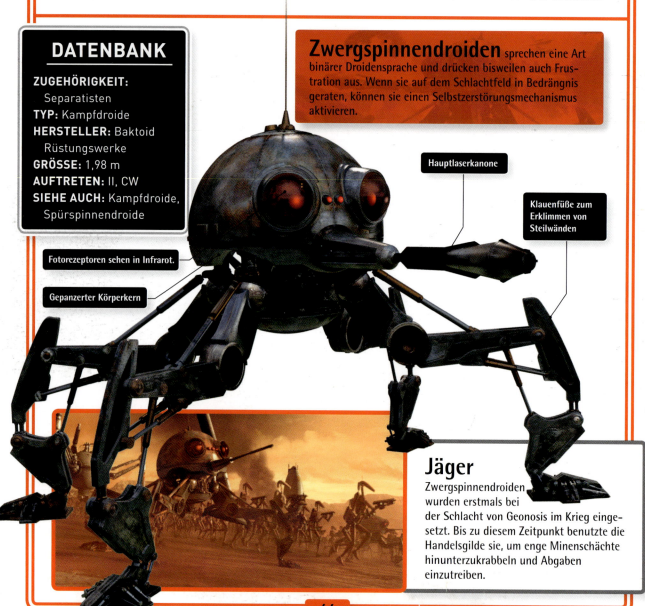

- Hauptlaserkanone
- Klauenfüße zum Erklimmen von Steilwänden
- Fotorezeptoren sehen in Infrarot.
- Gepanzerter Körperkern

Jäger
Zwergspinnendroiden wurden erstmals bei der Schlacht von Geonosis im Krieg eingesetzt. Bis zu diesem Zeitpunkt benutzte die Handelsgilde sie, um enge Minenschächte hinunterzukrabbeln und Abgaben einzutreiben.

EETH KOTH
MITGLIED DES HOHEN RATS DER JEDI

JEDI-MEISTER UND RATSMITGLIED
Eeth Koth ist ein iridonianischer Zabrak. Seine gehörnte Spezies ist bekannt für ihre Entschlossenheit und geistige Disziplin, die es diesem Volk erlaubt, enorme physische Schmerzen zu ertragen.

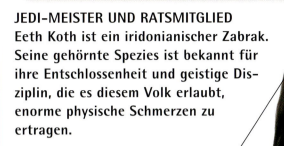

Koth und die anderen Jedi müssen entscheiden, ob Anakin seine Ausbildung beginnen darf.

Rudimentäre Hörner

Jedi-Tunika

Traditioneller Ausrüstungsgürtel

Spätzünder
Koth begann seine Jedi-Ausbildung im ungewöhnlich hohen Alter von vier Jahren. Daher ist er aufgeschlossener als die anderen Ratsmitglieder, als Qui-Gon Jinn darum bittet, Anakin Skywalker ausbilden zu dürfen.

DATENBANK
ZUGEHÖRIGKEIT: Jedi
HEIMATWELT: Nar Shaddaa
SPEZIES: Iridonianischer Zabrak
GRÖSSE: 1,71 m
AUFTRETEN: I, II, CW
SIEHE AUCH: Mace Windu, Plo Koon

Weite Ärmel für mehr Bewegungsfreiheit

Eeth Koth arbeitet auf vielen Missionen mit anderen Jedi wie Plo Koon zusammen. Ihn verbindet zudem eine Konkordanz der Treue mit Mace Windu, wozu sie als Zeichen des Vertrauens ihre Lichtschwerter tauschten.

Langer, weiter Mantel

67

ELAN SLEAZEBAGGANO
MEUCHELHÄNDLER AUF CORUSCANT

DER SCHMIERIGE Kleinkriminelle, den man als Elan Sleazebaggano kennt, ist ein berüchtigter „Meuchelhändler". Er besucht die Nachtclubs von Coruscant und bietet billige, von illegalen Pharmazeuten hergestellte Drogen an.

Elan verkauft „Killersticks" mit starkem Cilonaextrakt, das die Lebensspanne verkürzt.

- Modisches Halsband
- Legeres Hemd
- Langer Mantel verbirgt illegale Chemikalien zum Verkauf.
- Schuhe verfügen über Geheimfächer für Schmuggelware.

DATENBANK
ZUGEHÖRIGKEIT: Republik
HEIMATWELT: Coruscant
SPEZIES: Balosar
GRÖSSE: 1,78 m
AUFTRETEN: II
SIEHE AUCH: Obi-Wan Kenobi

Die Kraft der Macht
Als Elan versucht, Obi-Wan Kenobi in einem Nachtclub auf Coruscant Killersticks zu verkaufen, benutzt der Jedi die Macht, um ihn dazu zu bringen, sein Leben zu überdenken. Elan tut dies eine Zeit lang, fällt jedoch bald wieder in sein altes Leben als Krimineller zurück.

Elan ist ein Balosar, ein Angehöriger einer humanoiden Spezies, der Fühler (bewegliche Ohrenstiele) auf dem Kopf wachsen. Diese hochempfindlichen Organe arbeiten im Unterschallbereich und scheinen Balosaren zu einer besonders starken Intuition zu verhelfen.

EV-9D9
SADISTISCHE DROIDENAUFSEHERIN

EV-9D9 IST DIE Droidenaufseherin von Jabba dem Hutt in den dunklen Kellern dessen Palasts auf Tatooine. EV-9D9s Programmierung ist fehlerhaft, weshalb sie Jabbas Droiden schindet, bis sie auseinanderfallen, und bizarre Formen der Droidenfolter anwendet, um die Motivation zu steigern.

EV-9D9 hat sich ein drittes Auge installiert, um den Schmerz der Droiden zu „sehen".

Beeinträchtigtes Logikzentrum

DATENBANK

ZUGEHÖRIGKEIT: Jabbas Gefolge
TYP: Überwachungsdroide
HERSTELLER: MerenData
GRÖSSE: 1,90 m
AUFTRETEN: VI
SIEHE AUCH: 8D8, C-3PO, R2-D2

Überwachung
Als Jabbas Droidenaufseherin macht EV-9D9 aus C-3PO den Dolmetscher des Hutts und aus R2-D2 einen Kellner auf Jabbas Segelbarke.

Speziell angefertigtes drittes Auge

Funktionsarm

EV-9D9 ist nicht die einzige EV-Einheit mit einem Programmfehler, der grausames Verhalten auslöst – viele haben diesen Defekt. Doch 9D9 ist eine der wenigen, die der großen Rückrufaktion entgingen. Nun genießt sie ihre Aufgabe als Aufseherin aller anderen Droiden in Jabbas Palast.

EVEN PIELL
LANNIK-JEDI-MEISTER

DIESEN FORSCHEN JEDI-MEISTER sollte man nicht unterschätzen. Die Narbe, die Even Piell über dem Auge trägt, ist ein Andenken an einen Sieg über Terroristen, die den Fehler begingen, den kleinwüchsigen Jedi nicht ernst genug zu nehmen.

Even Piell, der neben Yoda sitzt, hat einen dauerhaften Platz im Hohen Rat der Jedi.

- Jedi-Haarknoten
- Große Ohren sind sensibel in dünner Atmosphäre.

Folgenschwere Ereignisse
Even Piell sitzt während der ersten Schritte in Richtung Krieg im Hohen Rat der Jedi. Er ist auch anwesend, als Qui-Gon Jinn den verehrten Jedi-Anführern zum ersten Mal den jungen Anakin Skywalker vorstellt.

Piell stammt von Lannik, einem Planeten mit einer langen Geschichte voller Kriege. Er ist ein ruppiger und kampferfahrener Krieger, wird aber während der Klonkriege in der berüchtigten Zitadelle eingesperrt. Obwohl er bei seiner Flucht tödlich verwundet wird, gelingt es ihm noch, bedeutende Informationen für den Fortgang des Krieges an Ahsoka Tano zu übermitteln.

DATENBANK
ZUGEHÖRIGKEIT: Jedi
HEIMATWELT: Lannik
SPEZIES: Lannik
GRÖSSE: 1,22 m
AUFTRETEN: I, II, CW
SIEHE AUCH: Yoda, Anakin Skywalker, Qui-Gon Jinn

FIGRIN D'AN
BITH-BANDLEADER

KLOO-HORN-SPIELER Figrin D'an ist der Kopf der Modal Nodes, einer Gruppe von sieben Bith-Musikern. Sie spielen auf verschiedenen Bühnen auf Tatooine, darunter u.a. in Chalmuns Cantina in Mos Eisley und in Jabbas Wüstenpalast.

Ein Wookiee namens Chalmun ist Besitzer der Cantina, in der die Modal Nodes spielen.

Große Augen

Vergrößerter Schädel

Kloo-Horn

Modulationstasten

Bandmitglieder
Die Modal Nodes sind Figrin D'an am Kloo-Horn, Doikk Na'ts am dorenischen Beshniquel (oder Fizzz), Ickabel G'ont am Doppeljocimer, Tedn Dahai an der Fanfare, Tech Mo'r an der Ommni-Box, Nalan Cheel am Bandfill und Sun'il Ei'de am Schlagzeug. Lirin Car'n, der oft mit der Band musiziert, spielt das zweite Kloo-Horn.

DATENBANK
ZUGEHÖRIGKEIT: keine
HEIMATWELT: Clak'dor VII
SPEZIES: Bith
GRÖSSE: 1,50 m
AUFTRETEN: IV
SIEHE AUCH: Jabba der Hutt

Bandhose

Reisestiefel

Figrin ist ein anspruchsvoller Bandleader, der von seinen Musikern das Beste erwartet. Seine überhebliche Art hat ihm den Spitznamen „Feuriger" Figrin D'an eingebracht. Wenn er nicht Kloo-Horn spielt, ist Figrin ein zwanghafter Glücksspieler, der oft die Einnahmen der Band verwettet.

FX-MEDIDROIDE

MEDIZINISCHE ASSISTENZDROIDEN

MEDIDROIDEN sind mit großen Speicherbänken ausgestattet, damit sie in jeder Situation die beste Behandlung wählen können. Droiden der FX-Serie werden als medizinische Helfer eingesetzt. Sie überwachen Patienten und bedienen Instrumente.

Ein FX-6-OP-Assistent führt während Vaders Rekonstruktion zahlreiche Bluttransfusionen durch.

- Medizinische Datenbanken
- Hochgeschwindigkeits-Datenübermittler
- Bioelektrischer Sensorarm
- Blutdrucktestarm
- Bedienarm für Instrumente

Lebensretter

Im Medizentrum der Rebellenbasis auf Hoth überwacht ein FX-7-Medidroide Luke Skywalkers Verletzungen, während der Jedi in einem Bacta-Tank schwimmt. Die synthetische Chemikalie Bacta kann Fleischwunden heilen. FX-7 kontrolliert, ob das Bacta-Gemisch korrekt gefiltert und revitalisiert wird.

FX-Droiden haben Arme, mit denen sie schnell den Zustand eines Patienten ermitteln können, indem sie zahlreiche Tests durchführen. Die Droiden arbeiten mit Chirurgiedroiden zusammen und versorgen sie mit den Informationen, die für eine angemessene Behandlung nötig sind.

DATENBANK

ZUGEHÖRIGKEIT: Droiden
TYP: Droide der FX-Serie
HERSTELLER: Medtech Industries
GRÖSSE: variabel
AUFTRETEN: III, V
SIEHE AUCH: 2-1B, Luke Skywalker

GAMORREANER-WACHE
WÄCHTER IN JABBAS PALAST

STARKE, BRUTALE Gamorreaner-Wachen stehen überall in Jabbas Palast auf Tatooine. Diese stämmigen und begriffsstutzigen Kreaturen sind stur und loyal, neigen jedoch leicht zu barbarischen Gewaltausbrüchen.

Gamorreaner erfreuen sich an der gelegentlichen Gewalt in Jabbas Palast.

Schlechte Augen

Hauer

DATENBANK

ZUGEHÖRIGKEIT: Jabbas Gefolge
HEIMATWELT: Gamorr
GRÖSSE: 1,70 m
AUFTRETEN: VI, CW
SIEHE AUCH: Jabba der Hutt

Armschutz

Schweres Axtblatt

Diensttauglich
Die geringe Intelligenz der Gamorreaner macht sie so gut wie unbestechlich, was für ihre Herren von großem Vorteil ist. Sie ziehen Äxte und Vibrolanzen Blastern vor.

Gamorreaner
stammen vom Planeten Gamorr im Äußeren Rand, wo ständig Konflikte herrschen. Männliche Gamorreaner, genannt Keiler, führen fürchterliche Kriege oder bereiten sich auf den Krieg vor.

Ledersandalen

GARINDAN
SPION IN MOS EISLEY

GARINDAN IST EIN GIERIGER und unmoralischer Kubaz vom Planeten Kubindi. Er arbeitet als Spitzel für den Meistbietenden. In Mos Eisley heuern die imperialen Behörden Garindan an, um zwei vermisste Droiden zu finden. Der zwielichtige Spion nimmt rasch die Spur von Luke Skywalker, Obi-Wan Kenobi, R2-D2 und C-3PO auf.

Garindan hat einen langen Rüssel, mit dem er seine Leibspeise verzehrt: Insekten.

DATENBANK
ZUGEHÖRIGKEIT: keine
HEIMATWELT: Kubindi
SPEZIES: Kubaz
GRÖSSE: 1,85 m
AUFTRETEN: IV
SIEHE AUCH: Sandtruppler, Luke Skywalker

Auf der Fährte
Garindan erfährt vom Plan Luke Skywalkers und seiner Freunde, sich an der Startrampe 94 mit Han Solo zu treffen. Der hinterlistige Spion folgt ihnen und benutzt dann sein imperiales Komlink, um die Behörden zu alarmieren, die sofort eine Sandtruppeneinheit schickt.

Der mysteriöse
Garindan hält sein Gesicht unter einer dunklen Kapuze und Brille verborgen. Nur wenige wissen Genaueres über sein Privatleben, das er hütet wie ein Geheimnis.

- Dunkle Brille
- Rüssel zur Insektenjagd
- Imperiales Komlink

GENERAL CRACKEN
GEHEIMAGENT DER REBELLEN

AIREN CRACKEN ist ein erfahrener Spion und Kundschafter der Rebellenallianz. Er war vor der Schlacht von Yavin General und wurde danach zum Colonel befördert. Cracken fliegt auch Unterstützungsmissionen für General Madines Rebellen-Kommandos.

Bei Endor fliegen Lando Calrissian und Nien Nunb den *Falken* mit Cracken als Schütze.

- Freisprech-Komlink
- Kommunikationsabzeichen
- Leichte Schutzweste
- Behälter für Doppelmagazine
- Feuerfeste Kampfhandschuhe

Schütze des *Falken*

Unter dem Kommando von General Lando Calrissian dient General Cracken beim Angriff auf den zweiten Todesstern während der Schlacht von Endor als Schütze an Bord des *Millennium Falken*. Er bemannt den oberen Vierlingslaser.

Cracken lernte den Umgang mit Maschinen auf der Farm seiner Eltern auf Contruum. Als das Imperium seine Heimatwelt besetzte, gründete Cracken eine Widerstandsgruppe, bevor er sich schließlich der Rebellenallianz anschloss. Cracken leitet ein galaxisweites Netzwerk imperiumsfeindlicher Spione, Kundschafter und Infiltratoren.

DATENBANK

ZUGEHÖRIGKEIT: Rebellenallianz
HEIMATWELT: Contruum
SPEZIES: Mensch
GRÖSSE: 1,67 m
AUFTRETEN: VI
SIEHE AUCH: Lando Calrissian, Admiral Ackbar, Nien Nunb

GENERAL GRIEVOUS
KOMMANDANT DER DROIDENARMEE

GENERAL GRIEVOUS IST während der Klonkriege Oberbefehlshaber der Droidenarmee. Grievous reagiert zornig auf Andeutungen, er sei ein Droide. Tatsächlich ist er ein Cyborg: eine bizarre Verbindung organischer Körperteile und mechanischer Rüstung, mit Buckel und schlimmem Husten.

Grievous' Ende ist nah, als Obi-Wan Kenobi mit dem Blaster auf den ungeschützten Organbeutel feuert.

Reptilienaugen

DATENBANK
ZUGEHÖRIGKEIT: Separatisten
HEIMATWELT: Kalee
SPEZIES: Kaleesh
GRÖSSE: 2,16 m
AUFTRETEN: III, CW
SIEHE AUCH: Count Dooku, Palpatine, Obi-Wan Kenobi

Grievous ist ein Kriegsherr der Kaleesh, der nach einem Shuttle-Absturz einen neuen Cyborgkörper bekam. Der General ist weder machtsensitiv noch ein Sith, aber Darth Tyranus (Count Dooku) unterwies ihn im Lichtschwertkampf.

Elektronische Arme können sich zweiteilen.

Umhang mit Taschen für Lichtschwerter

Beine enthalten Quarzschaltkreise.

Kampfbereit
Nach ihrem ersten Kampf während der riskanten Befreiung von Palpatine treffen Obi-Wan Kenobi und Grievous in der Separatistenbasis auf Utapau erneut aufeinander. Diesmal teilt Grievous seine Arme und schwingt vier Lichtschwerter gleichzeitig.

GENERAL MADINE
REBELLENKOMMANDANT UND STRATEGE

ALS KOMMANDANT der Spezialeinheiten der Rebellenallianz entwickelt Madine den Plan zur Zerstörung des imperialen Schildgenerators auf dem Mond von Endor. Er trainiert zudem den Stoßtrupp, der den Mond infiltriert.

General Madine hilft Admiral Ackbar, die Schlacht von Endor vom Flaggschiff der Rebellen aus zu leiten.

- Kommandeursabzeichen
- Rebellenuniform-Wams
- Militärhandschuhe
- Missionsdokumente

Rebellen-Berater

Madine ist ein geachteter Berater der Rebellenanführerin Mon Mothma. Vor der Schlacht von Endor bereiten Madine und Mothma die Truppen an Bord des Rebellenflaggschiffs *Heimat Eins* auf den Einsatz vor. Nach dem Fall des Imperiums wird Madine Geheimdienstchef der Neuen Republik.

Crix Madine führte eine imperiale Kommandoeinheit, bis er zur Allianz überlief. Er ist Experte für kleine Bodeneinsätze. Madines Allianz-Kommandotrupp war für das Kapern des imperialen Shuttles *Tydirium* verantwortlich, mit dem Solo und sein Team den Mond von Endor infiltrieren.

DATENBANK

ZUGEHÖRIGKEIT: Rebellenallianz
HEIMATWELT: Corellia
SPEZIES: Mensch
GRÖSSE: 1,70 m
AUFTRETEN: VI
SIEHE AUCH: Mon Mothma, Admiral Ackbar, Han Solo

GENERAL RIEEKAN
REBELLENKOMMANDANT DER ECHO-BASIS

GENERAL CARLIST RIEEKAN führt das Kommando in der Echo-Basis auf Hoth. Er hält die sieben versteckten Ebenen der Basis in ständiger Alarmbereitschaft und ist stets besorgt, die Truppen des Imperiums könnten sie entdecken. Rieekan weiß, dass Rebellenaktivität im eisigen Hoth-System leicht auszumachen ist.

Rieekan wartet, bis alle Rebellentransporter Hoth verlassen haben, bevor er selbst flieht.

DATENBANK
ZUGEHÖRIGKEIT: Rebellenallianz
HEIMATWELT: Alderaan
SPEZIES: Mensch
GRÖSSE: 1,80 m
AUFTRETEN: V

Ernster Anführer
Carlist Rieekan ist ein entschlossener Kommandant. Als die imperiale Armee die Echo-Basis entdeckt, will Rieekan Vaders Truppen lange genug aufhalten, bis die Rebellen die Basis evakuiert haben.

- Kommandeursabzeichen der Rebellen
- Uniformjacke mit Wärmeisolierung
- Kommandeurshandschuhe
- Mehrzweckgürtel

Rieekan
wurde auf Alderaan geboren, dem Planeten von Leia Organas Adoptiveltern. Er kämpfte in den Klonkriegen für die Republik und ist Gründungsmitglied der Rebellenallianz. Carlist hält sich nicht dort auf, als die Superwaffe des Todessterns Alderaan vernichtet, doch das schreckliche Ereignis verfolgt ihn den Rest seines Lebens.

GENERAL VEERS
IMPERIALER KOMMANDANT AUF HOTH

GENERAL MAXIMILIAN VEERS leitet den verheerenden Angriff des Imperiums auf die Echo-Basis. Er kommandiert den Einsatz persönlich aus dem Cockpit eines AT-AT-Läufers.

Veers visiert im Cockpit seines AT-ATs – Codename *Blizzard Eins* – das Ziel an.

- Schutzhelm
- Pilotenrüstung
- Ausrüstungsgürtel mit Missionsdaten
- Imperiale Offiziersuniform

Grausamer Ehrgeiz

Entschlossen, sich Vader zu beweisen, führt Veers das AT-AT-Regiment an, das erfolgreich den Schildgenerator der Rebellen zerstört und Vader die Landung auf Hoth ermöglicht. Imperiale Schneetruppen, bewaffnet mit schweren Geschützen, erstürmen daraufhin mit beängstigendem Tempo die Echo-Basis.

General Veers ist mutig und kompetent. Er hat sich schnell durch die Dienstgrade nach oben gearbeitet, ist ein Familienmensch und wird als imperialer Musteroffizier betrachtet. Doch seine scheinbare Unfehlbarkeit wird erschüttert, als seine Frau stirbt und sein Sohn Zevulon sich der Rebellion anschließt.

DATENBANK

ZUGEHÖRIGKEIT: Imperium
HEIMATWELT: Denon
SPEZIES: Mensch
GRÖSSE: 1,93 m
AUFTRETEN: V
SIEHE AUCH: Admiral Piett, Admiral Ozzel

GEONOSIANISCHER SOLDAT
SPEZIALISIERTE GEONOSIANERDROHNE

GEONOSIANISCHE SOLDATENDROHNEN sind zäh und unbeirrbar. Sie werden zu furchtlosen Kämpfern ausgebildet und sind äußerst effizient im Kampf gegen brachiale Gegner. Stehen sie jedoch intelligenten Widersachern gegenüber, sind sie unterlegen.

Geonosianer aller Kasten verfolgen in riesigen Arenen Hinrichtungen und Gladiatorenkämpfe.

DATENBANK
ZUGEHÖRIGKEIT: Separatisten
HEIMATWELT: Geonosis
SPEZIES: Geonosianer
GRÖSSE: 1,70 m
AUFTRETEN: II, CW
SIEHE AUCH: Poggle der Geringere, Count Dooku

- Stacheln zum Schutz empfindlicher Blutgefäße
- Leistungsstarker Schallblaster
- Traditionell für Krieg stehender roter Iketastein
- Soldatendrohnen können fliegen und schweben.
- Stark ausgeprägter Soldatenschenkel

Strikte Trennung
Der in Kasten aufgeteilte Planet Geonosis ist für die Separatisten unter der Führung Count Dookus zum Hauptlieferanten für Kampfdroiden geworden. Die gewaltigen Fabriken auf Geonosis stellen zahllose Droiden her.

Soldatendrohnen
wachsen schnell heran und können bereits im Alter von sechs Jahren kampfbereit sein. Sie tragen Schallblaster, die eine zerstörerische Schallkugel abfeuern.

GH-7-MEDIDROIDE
MEDIZINISCHE ANALYSEDROIDEN

GH-7-MEDIDROIDEN dienen in vielen medizinischen Zentren im Äußeren Rand als multifunktionale OP-Assistenten. Sie schweben mittels eines kompakten Repulsorlifts und setzen ihre Servoarme ein, um Proben einzusammeln oder Injektionen zu setzen. Die Droiden haben eine leise und sanfte Stimme, um Patienten zu beruhigen.

Ein Hebammendroide bei der Geburt von Padmé Amidalas Zwillingen auf Polis Massa.

DATENBANK

ZUGEHÖRIGKEIT: Droiden
TYP: Medidroide
HERSTELLER: Vereinigte Pharmabetriebe Chiewab
GRÖSSE: 0,7 m
AUFTRETEN: III
SIEHE AUCH: FX-Medidroide, 2-1B

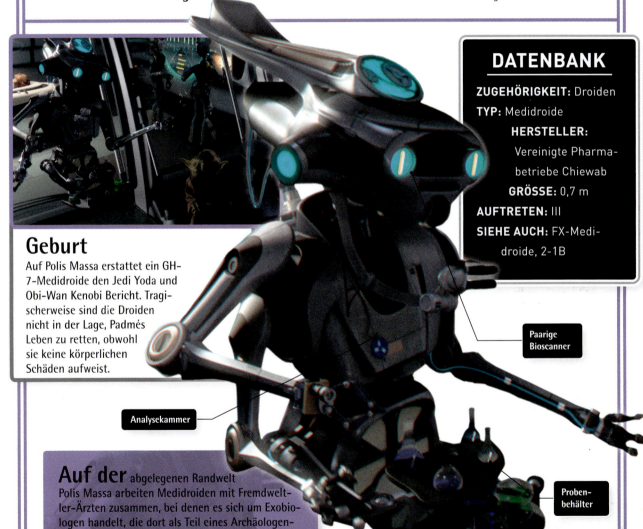

Geburt
Auf Polis Massa erstattet ein GH-7-Medidroide den Jedi Yoda und Obi-Wan Kenobi Bericht. Tragischerweise sind die Droiden nicht in der Lage, Padmés Leben zu retten, obwohl sie keine körperlichen Schäden aufweist.

Auf der abgelegenen Randwelt
Polis Massa arbeiten Medidroiden mit Fremdweltler-Ärzten zusammen, bei denen es sich um Exobiologen handelt, die dort als Teil eines Archäologenteams arbeiten. Die Bioscanner der Droiden sind mit Computern verbunden, die die Daten interpretieren und Instruktionen an sie übermitteln.

- Paarige Bioscanner
- Analysekammer
- Probenbehälter

GROSSMOFF TARKIN
ARCHITEKT DES TODESSTERNS

AM ENDE der Klonkriege bekleidet Wilhuff Tarkin bereits eine hohe Stellung als einer von Palpatines Regionalgouverneuren. Als Großmoff sieht er den fürchterlichen Todesstern als Teil seiner Doktrin der Herrschaft durch Furcht.

Tarkin stirbt auf dem Todesstern, als X-Flügler der Rebellen die Raumstation zerstören.

Codezylinder

Gewundene, intrigante Geste.

Imperiale Offiziersgürtel-schnalle

Stiefel mit Durastahlkappen

Herrschaft durch Furcht

Damit Prinzessin Leia die Rebellenallianz verrät, befiehlt Tarkin die Zerstörung Alderaans durch den Todesstern. Tarkin hält nichts davon, die verstreuten, individuellen Systeme in den Außenbereichen des Imperiums zu überwachen. Er ist sicher, dass die Furcht vor dem Todesstern die Völker der Galaxis gefügig machen wird.

DATENBANK

ZUGEHÖRIGKEIT: Imperium
HEIMATWELT: Eriadu
SPEZIES: Mensch
GRÖSSE: 1,80 m
AUFTRETEN: III, IV, CW
SIEHE AUCH: Palpatine

Schon oft hat Tarkin Aufstände auf kaltblütigste Art und Weise niedergeschlagen. Auf ihn geht auch der Titel des Großmoffs zurück – Offiziere, denen es obliegt, in „Prioritätssektoren" des Imperiums Unruhen auszumerzen.

GREEATA
SÄNGERIN DER MAX-REBO-BAND

GREEATA JENDOWANIAN tritt als Backgroundsängerin, Tänzerin und Musikerin der Max-Rebo-Band in Jabbas Wüstenpalast auf. Gemeinsam mit Rystáll Sant und Lyn Me bildet sie ein schillerndes Trio.

Jabbas Palast auf Tatooine ist im Westlichen Dünenmeer verborgen.

- Finger mit Saugnäpfen
- Pheromonunterdrückendes Armband
- Fühler nehmen Vibrationen wahr.
- Extravagante Frisur (nur weibliche Rodianer haben Haare, Männer haben Kopfstacheln)
- Tänzerinnenkostüm

Singen für die Hutts

Rystáll Sant, Greeata und Lyn Me treten gemeinsam in Jabbas Palast auf. Die schwergewichtigen, langsamen Hutts sind beeindruckt von grazilen, rhythmischen Tänzerinnen. Alle Musikerinnen konkurrieren um Jabbas Gunst und Gnade.

Greeatas Liebe
zu Musik und Tanz begann, als sie noch ein Kind auf ihrer Heimatwelt Rodia war. Sie spielte zunächst Kloo-Horn und nahm dann einen Job an Bord eines Luxuskreuzers an, wo sie der Sängerin Sy Snootles begegnete. Sie traten als Duo auf, das Max Rebo in einer Cantina singen hörte.

DATENBANK

ZUGEHÖRIGKEIT: Jabbas Gefolge
HEIMATWELT: Rodia
SPEZIES: Rodianer
GRÖSSE: 1,75 m
AUFTRETEN: III, VI
SIEHE AUCH: Sy Snootles, Lyn Me, Rystáll, Max Rebo

GREEDO
RODIANISCHER KOPFGELDJÄGER

GREEDO IST EIN rodianischer Kopfgeldjäger, der für Jabba den Hutt arbeitet. Während der Klonkriege entführt er Baron Papanoidas Töchter Che Amanwe und Chi Eekway. Als Greedo in einer Cantina Mos Eisleys bei Han Solo Schulden eintreibt, findet er seinen Meister.

Rodianer wie Greedo kommen aus einer Kultur, in der die Kopfgeldjagd als Sport geschätzt wird.

- Kopfstacheln
- Große Augen sehen im Infrarotspektrum.
- Abgetragener Pilotenanzug
- Blasterpistole
- Lange, gelenkige Finger

Greedos Ende
Die Konfrontation zwischen Greedo und Han Solo in der überfüllten Cantina beginnt, als Greedo seinen Blaster zieht. Solo behauptet, er hätte das Geld nicht bei sich, dann fallen Blasterschüsse – und der Rodianer kippt tot zu Boden. Solo verlässt die Cantina und wirft dem Wirt ein paar Münzen zu, damit er den Vorfall vertuscht.

DATENBANK
ZUGEHÖRIGKEIT: Kopfgeldjäger
HEIMATWELT: Rodia
SPEZIES: Rodianer
GRÖSSE: 1,73 m
AUFTRETEN: IV, CW
SIEHE AUCH: Han Solo, Anakin Skywalker, Jabba der Hutt

Greedo wuchs auf Tatooine auf und war für sein Temperament bekannt. Bisweilen versuchte er, Kämpfe mit anderen zu provozieren, so auch mit dem jungen Anakin Skywalker, der damals noch ein Sklave in Mos Espa war.

FEUERHAGELDROIDE
MOBILE RAKETENWERFER

FEUERHAGELDROIDEN rollen schnell ins Kampfgeschehen und feuern mörderische, explosive Geschosse aus ihren Raketenwerfern. Auf den großen Laufrädern bewegen sich die Droiden mit beängstigender Geschwindigkeit. Ein rotes Fotorezeptor-„Auge" nimmt auch weit entfernte Ziele an Land und in der Luft ins Visier und verleiht den Droiden eine enorme Reichweite.

Feuerhageldroiden, flankiert von Kampfdroiden, rollen auf Geonosis der Armee der Republik entgegen.

Tödliche Raketen

Feuerhageldroiden verfügen auf jeder Seite ihres Kopfes über zwei Raketenwerferbatterien. Jede enthält 15 Lenkraketen. Eine einzige davon kann ein Kanonenboot oder einen AT-TE-Läufer zerstören.

DATENBANK

ZUGEHÖRIGKEIT: Separatisten
TYP: Droidenpanzer
HERSTELLER: Haor Chall Maschinenbau
GRÖSSE: 8,50 m
AUFTRETEN: II
SIEHE AUCH: Spürspinnendroide, Zwergspinnendroide

Der mächtige
InterGalaktische Bankenclan steuerte der Separatistenarmee seine Feuerhageldroiden bei. Vor dem Krieg sorgten diese Droiden dafür, dass Kredite pünktlich zurückgezahlt wurden.

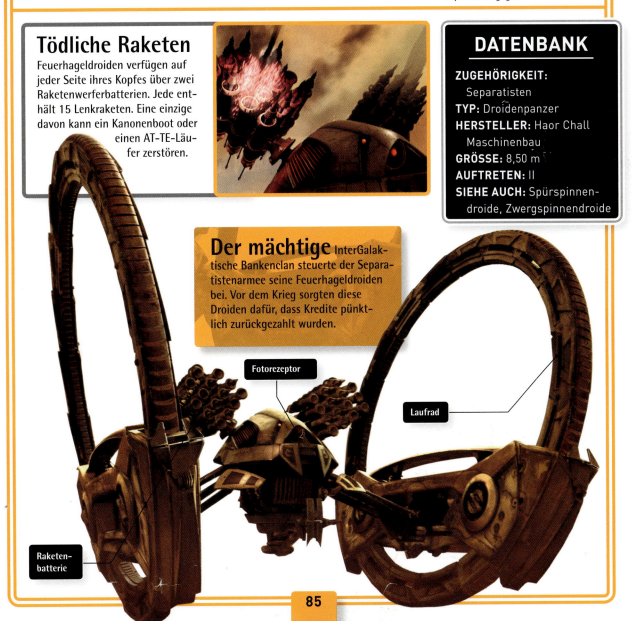

Fotorezeptor

Laufrad

Raketenbatterie

HAN SOLO
EINST SCHMUGGLER, JETZT HELD DER REBELLION

HAN SOLO IST PIRAT, Schmuggler und Söldner. Mit dem treuen Kopiloten Chewbacca fliegt er eins der schnellsten Schiffe der Galaxis – den *Millennium Falken*. Han ist zwar waghalsig, erweist sich im Dienste der Rebellenallianz aber als geborener Anführer.

Solo mag tollkühn sein, aber er hat Mut – er ist jedem Abenteuer gewachsen!

Solo entrinnt seiner ärmlichen Kindheit durch Taschendiebstahl und wird an der Imperialen Akademie aufgenommen. Doch er wird aus dem Dienst entlassen! Als Solo bei einer Runde Sabacc (einem beliebten Kartenspiel) den *Falken* gewinnt, wird er sein eigener Herr.

- Modifizierte Blasterpistole
- Schwarze corellianische Raumfahrerweste
- Droidenrufer
- Corellianischer Blutstreifen
- Kampfstiefel

Stoßtrupp
Han Solo führt eine Gruppe von Rebellen, darunter Chewbacca und Leia, bei einer riskanten Mission auf dem Mond von Endor an, wo sie den imperialen Schildgenerator zerstören sollen. Solo zeigt Prinzessin Leia, dass mehr dazugehört, ein Schurke zu sein, als nur eine bewegte Vergangenheit!

DATENBANK
ZUGEHÖRIGKEIT: Rebellenallianz
HEIMATWELT: Corellia
SPEZIES: Mensch
GRÖSSE: 1,80 m
AUFTRETEN: IV, V, VI
SIEHE AUCH: Chewbacca, Prinzessin Leia

SPÜRSPINNENDROIDE
SPINNENLÄUFER DER SEPARATISTEN

DER SPÜRSPINNENDROIDE ist der Beitrag der Handelsgilde zu den Bodentruppen der Separatisten. Diese geländegängige Einheit ist zu genauem Zielen und anhaltendem Strahlenfeuer aus ihren Laserkanonen fähig. Das laufende Metallmonster ist eine echte Bedrohung für die Kampfläufer und Kanonenboote der Republik.

Spürspinnendroiden patrouillieren in der dichten Vegetation der Separatistenhochburg Felucia.

DATENBANK
ZUGEHÖRIGKEIT: Separatisten
TYP: Kampfdroide
HERSTELLER: Baktoid Rüstungswerke
GRÖSSE: 7,32 m
AUFTRETEN: II
SIEHE AUCH: Zwergspinnendroide

Ausfahrbare Hydraulik

Gepanzerter Körperkern

Parallaxensignal-Suchantenne

Peillaser

Bewegungsmotoren

An vorderster Front
Spürspinnendroiden bewegen sich auf langen, mächtigen Beinen schnell über die Schlachtfelder. Ihre Primärwaffe ist eine auf dem Körper angebrachte Laserkanone. Unterhalb davon befindet sich eine kleinere Personenabwehrkanone.

Vor den Klonkriegen
benutzt die Handelsgilde ihre Spürspinnendroiden, um andere große Unternehmen einzuschüchtern und zu kontrollieren sowie um Abgaben einzufordern. Zu jener Zeit sind Privatarmeen illegal, doch viele große Firmen verfügen dennoch über gewaltige Schutztruppen aus tödlichen Droiden.

HOTH-REBELLENSOLDAT
REBELLENINFANTERIST

DIE REBELLENSOLDATEN sind eine bunt zusammengewürfelte Truppe. Einige sind imperiale Deserteure, doch der Großteil besteht aus jungen Freiwilligen mit nur wenig Kampferfahrung. Neue Rekruten lernen in einer Grundausbildung den Umgang mit Waffen und Kommunikationstechnik.

Rebellentruppen setzen bei der Schlacht von Hoth auf Dreibeine montierte Blaster ein.

- Blendschutzbrille
- Thermo-Schutzjacke
- Fernglas

Standortwechsel
Nach der Schlacht von Yavin schlägt die Allianz ihr geheimes Hauptquartier auf Hoth auf. In Erwartung einer imperialen Invasion modifizieren die Rebellen ihre Waffen, sodass sie auch bei eisigen Temperaturen funktionieren.

Die Rebellentruppen
auf dem Eisplaneten Hoth müssen sich schnell an den Frost und die ständige Gefahr einer plötzlichen Evakuierung gewöhnen. Sie besitzen eine spezielle Schneeausrüstung mit Thermo-Schutzjacken und Polfilterbrillen.

DATENBANK
ZUGEHÖRIGKEIT: Rebellenallianz
SPEZIES: Mensch
STANDARDAUSRÜSTUNG: Dreibein-Blaster, Thermo-Schutzjacken, Blendschutzbrillen
AUFTRETEN: IV, V, VI
SIEHE AUCH: Rebellensoldat

IG-88
HINTERHÄLTIGER ATTENTÄTERDROIDE

IG-88 ist ein schwer gepanzerter Attentäterdroide, der Darth Vader seine Dienste anbietet, um nach der Schlacht von Hoth den *Millennium Falken* aufzuspüren. IG-88 ist einer von vier Droiden, die ihre Erbauer kurz nach der Aktivierung ermordeten.

Ein IG-88 verbleibt schrottreif in der Wolkenstadt, als Boba Fett bemerkt, dass der Droide ihn verfolgt.

Wärmesensor

Vocoder

DATENBANK

ZUGEHÖRIGKEIT: Kopfgeldjäger
TYP: Attentäterdroide
HERSTELLER: Holowan-Laboratorien
GRÖSSE: 1,96 m
AUFTRETEN: V
SIEHE AUCH: Boba Fett, Darth Vader

Gesetzlose
IG-88 schließt sich auf Vaders Schiff, der *Executor*, einer bunten Truppe von menschlichen, Alien- und Droiden-Kopfgeldjägern an. IG-88 und Boba Fett sind seit langem Rivalen. Attentäterdroiden wie IG-88 wurden nach den Klonkriegen verboten. Trotzdem staksen immer noch einige durch die Galaxis.

Munitionsgurt

Impulsgewehr

IG-88 ist besessen vom
Jagen und Töten - eine Folge seiner unvollständigen Programmierung. Der IG-Serie sollten eigentlich Blaster in die Arme eingebaut werden, wozu es jedoch nie kam.

Säurefeste Servokabel

IMPERIALER WÜRDENTRÄGER
HOHE FUNKTIONÄRE DES IMPERATORS

DIE WÜRDENTRÄGER stellen eine Gesellschaft von Speichelleckern und Verrätern dar, die ihre Stellung den Launen von Imperator Palpatine verdanken. Während Palpatine herrscht, verwalten diese Ratgeber das Imperium und führen seine Befehle aus.

Eine Gruppe der mächtigsten Berater formt den imperialen Sicherheitsrat.

Coruscanti-Kopfbedeckung

DATENBANK
ZUGEHÖRIGKEIT: Imperium
HEIMATWELT: Coruscant
SPEZIES: Mensch
AUFTRETEN: VI
SIEHE AUCH: Palpatine, Darth Vader

Kostspieliges Innenfutter

Ärmel verbergen kleinen Blaster.

Auffällige karmesinrote Weste

Zeremonie
Eine kleine Gruppe von Beratern begleitet den Imperator zum Zweiten Todesstern, als er seine Inspektion der im Bau befindlichen Superwaffe durchführt. Zudem leitet Palpatine einen Plan in die Wege, um die Rebellenallianz ein für alle Mal zu vernichten.

Elegante Robe symbolisiert hohen Status.

Palpatine rekrutiert seine imperialen Berater von vielen verschiedenen Planeten. Zu ihren Pflichten gehört es, ein wachsames Auge auf ihre Heimatsysteme (und die Systeme rivalisierender Berater) zu haben und administrative Aufgaben zu erfüllen, wie etwa, imperiale Gouverneure oder Moffs zu ernennen.

IMPERIALE DROIDEN
ARBEITSDROIDEN DES IMPERIUMS

DAS GALAKTISCHE IMPERIUM setzt eine ganze Reihe von halbwegs selbstständigen Droiden ein. Es handelte sich dabei entweder um für imperiale Zwecke modifizierte Modelle oder um Spezialanfertigungen wie Spionagedroiden und verbotene Verhördroiden.

MSE-Droiden (auch „Mausdroiden" genannt) überbringen Nachrichten und führen Truppen zu ihren Posten.

Blasterkanone (unter Klappe)

DATENBANK
ZUGEHÖRIGKEIT: Imperium
TYP: Droide
HERSTELLER: Industrie-Automaton (R2-Q5)
GRÖSSE: 0,96 m
AUFTRETEN: IV, V, VI
SIEHE AUCH: Verhördroide, Imperialer Sondendroide

Spionagedroide
Arakyd Industries baut speziell für das Imperium RA-7-Protokolldroiden. Im Gegensatz zu den meisten anderen besitzen sie eine unfreundliche Persönlichkeit und werden nahezu immer als Spione eingesetzt.

Wärmeabzug

Motorisiertes Bein

Energiekabel für Trittfläche

R2-Q5 ist einer der vielen imperialen Astromechs, die durch die Korridore des Todessterns patrouillieren und Wartungs- und Reparaturaufgaben durchführen. Zahlreiche dieser Droiden verfügen über geheime Spionageausrüstung, die es den menschlichen Aufsehern erlaubt, das Personal zu überwachen.

IMPERIALER SOBOT
REBELLEN SUCHENDER SONDENDROIDE

DIE INTELLIGENTEN und unheimlichen Sobots – auch bekannt als Sondendroiden – durchkämmen die Galaxis unermüdlich nach Spuren der Rebellenallianz. Mithilfe von Repulsorlifts und schallgedämpften Schubeinheiten schweben sie umher. Sobots können sich mit Blastern verteidigen und sich sogar selbst zerstören, wenn sie eingefangen werden.

Hyperantriebskapseln bringen Sobots zu ihren Zielplaneten.

- Transmitterkuppel
- Holokamera
- Probenklaue
- Verstärktes Gelenk
- Manipulatorarm
- Drehbare Gliedmaße

Invasion
Ein Sobot vom Sternenzerstörer *Rächer* entdeckt die Rebellenbasis auf Hoth und sendet Darth Vader ein Bild der Energiegeneratoren. Der Dunkle Lord bereitet seine Todesschwadron umgehend auf eine groß angelegte Invasion des Eisplaneten vor.

Nach der Schlacht von Yavin, bei der die Allianz den Todesstern zerstört, entsendet das Imperium tausende Sobots in jeden Winkel der Galaxis, um versteckte Rebellenbasen aufzuspüren. Die Sobots lüften mit ihren Sensoren die Geheimnisse eines Ortes und übermitteln die Daten an Sternenzerstörer in der Ferne.

DATENBANK
ZUGEHÖRIGKEIT: Imperium
TYP: Sondendroide
HERSTELLER: Arakyd Industries
GRÖSSE: 1,60 m
AUFTRETEN: V
SIEHE AUCH: Verhördroide, Darth Vader

IMPERIALER EHRENGARDIST
PALPATINES SICHERHEITSKRÄFTE

DIE IMPERIALE EHRENGARDE – auch Rote Garde genannt – ist Imperator Palpatines persönliche Leibwache. Seit seiner Ernennung zum Obersten Kanzler ist sie Palpatines ständiger Begleiter.

Die rot gewandeten Gardisten ersetzen die blauen Wachen des Galaktischen Senats.

- Geschlossener Helm mit verdunkeltem Visier
- Lange Robe verbirgt versteckte Waffen.
- Energiepike
- Kampfhandschuhe aus Kunstleder

Konfrontation

Als Moff Jerjerrod und zwei Ehrengardisten versuchen, Darth Vader den Zugang zum Thronsaal des Imperators auf dem zweiten Todesstern zu verwehren, nimmt Vader den Offizier mit der Macht in den Würgegriff, ohne ihn jedoch zu töten.

Ehrengardisten

benutzen vibroaktive Energiepiken, die präzise und tödliche Wunden verursachen. Palpatine hält die Einzelheiten des Kampftrainings der Gardisten unter dem Vorwand geheim, dafür gebe es „Sicherheitsgründe".

DATENBANK
ZUGEHÖRIGKEIT: Republik/Imperium
GRÖSSE: 1,83 m
AUFTRETEN: II, III, VI
SIEHE AUCH: Palpatine, Darth Vader, Imperialer Würdenträger

VERHÖRDROIDE
IMPERIALES FOLTERINSTRUMENT

ALS PRINZESSIN LEIA sich weigert, den Standort der geheimen Rebellenbasis preiszugeben, zieht Darth Vader einen Verhördroiden, oder genauer, einen Folterdroiden hinzu. Diese technologischen Schrecken sind nach den Gesetzen der Republik verboten und wurden unter dem Mantel imperialer Geheimhaltung entwickelt.

Folterdroiden schweben und drehen sich auf Repulsoren, wenn sie ihre schrecklichen Greifer und Nadeln ausfahren.

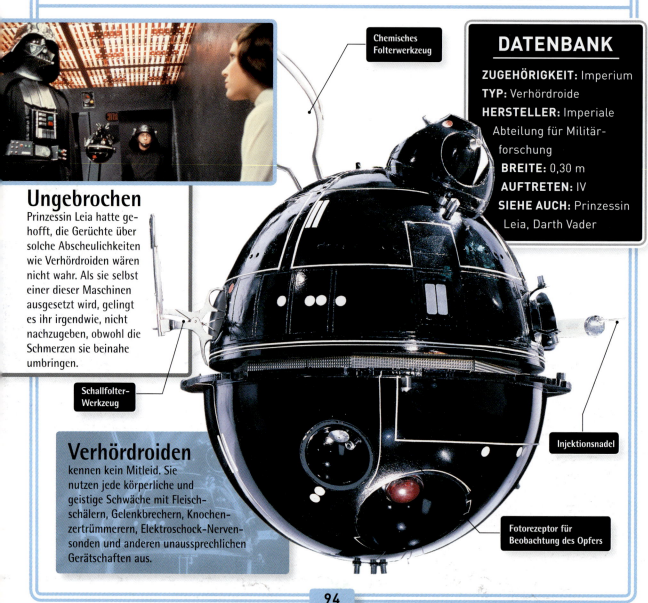

Chemisches Folterwerkzeug

DATENBANK
ZUGEHÖRIGKEIT: Imperium
TYP: Verhördroide
HERSTELLER: Imperiale Abteilung für Militärforschung
BREITE: 0,30 m
AUFTRETEN: IV
SIEHE AUCH: Prinzessin Leia, Darth Vader

Ungebrochen
Prinzessin Leia hatte gehofft, die Gerüchte über solche Abscheulichkeiten wie Verhördroiden wären nicht wahr. Als sie selbst einer dieser Maschinen ausgesetzt wird, gelingt es ihr irgendwie, nicht nachzugeben, obwohl die Schmerzen sie beinahe umbringen.

Schallfolter-Werkzeug

Verhördroiden
kennen kein Mitleid. Sie nutzen jede körperliche und geistige Schwäche mit Fleischschälern, Gelenkbrechern, Knochenzertrümmerern, Elektroschock-Nervensonden und anderen unaussprechlichen Gerätschaften aus.

Injektionsnadel

Fotorezeptor für Beobachtung des Opfers

J'QUILLE
PELZIGER KOPFGELDJÄGER

J'QUILLE IST EIN brutaler Whiphide vom Eisplaneten Toola. Er arbeitet als Kopfgeldjäger für Jabba den Hutt, ist in Wahrheit jedoch Spion einer rivalisierenden Verbrecherbande. J'Quille plant, Jabbas Essen zu vergiften und ihn so zu ermorden.

Whiphiden sind große, pelzige Kreaturen vom Planeten Toola. Sie haben mächtige Hauer.

Einziehbare Augen

Raues Fell

J'Quille arbeitet für Jabbas größte Rivalin auf Tatooine: Lady Valarian, eine Whiphidin, mit der J'Quille ebenfalls eine Affäre hatte. Als es ihm nicht gelingt, Jabba zu töten, setzt Lady Valarian eine große Belohnung auf seinen Kopf aus. Da er Tatooine nicht verlassen kann, schließt J'Quille sich den B'omarr-Mönchen an.

DATENBANK
ZUGEHÖRIGKEIT: Jabbas Gefolge
HEIMATWELT: Toola
SPEZIES: Whiphide
GRÖSSE: 2,00 m
AUFTRETEN: VI
SIEHE AUCH: Jabba der Hutt, Prinzessin Leia

Überlebender
J'Quille ist Zeuge und Überlebender des Kampfes an der Großen Grube von Carkoon. Als Prinzessin Leia Jabba den Hutt erwürgt, werden J'Quilles eigene Mordpläne vereitelt.

JABBA DER HUTT
BERÜCHTIGTER VERBRECHERLORD

DER ABSTOSSENDE GANGSTERBOSS Jabba der Hutt ist Herrscher über ein weitreichendes Verbrecherimperium. Er baute seine Organisation durch etliche krumme Deals, Drohungen, Erpressungen, Morde und einen guten Geschäftssinn auf. Nun lebt Jabba in seinem Palast in den Tiefen der Wüste von Tatooine ein Leben der Sündhaftigkeit.

Prinzessin Leia übt die Rache an Jabba, von der all seine Sklaven schon lange träumen.

Öl und Schleim absondernde Hutthaut

Körper ohne Skelett

Herr-scher

Von seinem von Sklaven und Schmeichlern umgebenen Thron aus herrscht Jabba über einen Hof mörderischer Verderbtheit. Viele Kopfgeldjäger und Söldner suchen hier nach Arbeit.

Muskulöser Leib bewegt sich wie eine Schnecke.

Jabba Desilijic Tiure, allen bekannt als Jabba der Hutt, stammt vom Planeten Nal Hutta, wo er von seinem Vater Zorba, ebenfalls ein Verbrecherlord, großgezogen wurde. Hutts sind berüchtigt für ihre skrupellosen Methoden und beherrschen die meisten der großen Verbrecherimperien der Galaxis.

DATENBANK

ZUGEHÖRIGKEIT:
Verbrecher
HEIMATWELT: Tatooine
SPEZIES: Hutt
LÄNGE: 3,90 m
AUFTRETEN: I, IV, VI, CW
SIEHE AUCH: Bib Fortuna, Salacious Crumb

JAN DODONNA
REBELLENKOMMANDANT AUF YAVIN 4

GENERAL JAN DODONNA ist ein meisterhafter Stratege der Rebellenallianz. Bei der Schlacht von Yavin koordiniert er den Angriff auf den Todesstern und findet den einzigen Schwachpunkt der Kampfstation: einen kleinen Ventilationsschacht, der direkt zum explosiven Hauptreaktor führt.

General Dodonna instruiert die Rebellenpiloten im Kommandoraum der Rebellenbasis auf Yavin 4.

DATENBANK

ZUGEHÖRIGKEIT: Rebellenallianz
HEIMATWELT: Commenor
SPEZIES: Mensch
GRÖSSE: 1,83 m
AUFTRETEN: IV
SIEHE AUCH: Luke Skywalker, Prinzessin Leia

Bodenunterstützung

Während des Angriffs auf den Todesstern unterstützt Dodonna die Rebellenpiloten von Yavin aus. Seine Strategie ermöglicht es einer Flotte von 30 Ein-Mann-Sternenjägern, eine Kampfstation mit einem Durchmesser von mehr als 160 Kilometern zu zerstören.

- Kommandeursabzeichen der Rebellen
- Uniform eines Rebellentaktikers
- Gürtelschnalle im Commenor-Stil

Jan Dodonna

stellt seine Erfahrung in den Dienst der Allianz, nachdem das Imperium die Macht übernommen hat. Als er sieht, wie wichtig bloße Geschwindigkeit bei der Schlacht von Yavin ist, entwickelt er das Konzept des A-Flügel-Sternenjägers.

JANGO FETT
MANDALORIANISCHER KOPFGELDJÄGER

NACH DER ERMORDUNG seiner Eltern wurde Jango Fett von einer Gruppe legendärer, als Mandalorianer bekannter Krieger aufgezogen. So wird er zu einem der besten Kopfgeldjäger der gesamten Galaxis.

Im Asteroidenfeld um Geonosis schießt Fett mit seiner *Sklave I* auf Obi-Wan Kenobis Jedi-Sternenjäger.

- WESTAR-34-Blaster
- Optiksensor erlaubt Jango die Sicht nach hinten.
- Segmentierte Panzerplatte für mehr Beweglichkeit
- Unterarmschutz mit Pfeilwerfer
- Segmentierte Panzerplatte

Tödlicher Gegner
Im Kampf mit Obi-Wan Kenobi erhebt sich Fett mit seinem Jetpack in die Lüfte. Er trägt viele Waffen bei sich, darunter Raketenwerfer in der Knieplatte, Seilwerfer an den Handgelenken und Pfeil- und Klingenwerfer am Unterarmschutz.

Fetts Ruf
als hervorragender Kämpfer überzeugte die Kaminoaner, ihn für ihr geheimes Armeeprojekt einzusetzen: Er ist die Vorlage für sämtliche Klonsoldaten. Fett trägt die Rüstung, die half, die Mandalorianer zu einer so gefürchteten Gruppe von Kriegern zu machen.

DATENBANK

ZUGEHÖRIGKEIT: Kopfgeldjäger
HEIMATWELT: Concord Dawn
SPEZIES: Mensch
GRÖSSE: 1,83 m
AUFTRETEN: II
SIEHE AUCH: Boba Fett

JAR JAR BINKS
VOM GUNGAN-AUSSENSEITER ZUM SENATOR

JAR JAR BINKS ist ein amphibischer Gungan von Naboo. Bei der Invasion des Planeten begegnet der Jedi Qui-Gon Jinn ihm und rettet ihn. Jar Jar wird General in der Großen Armee der Gungans und später Abgeordneter im Galaktischen Senat.

Der tollpatschige General Jar Jar ist in der Schlacht von Naboo zunächst mehr Hindernis als Hilfe.

Haillu (Ohrlappen) zum Ausdruck von Gefühlen

DATENBANK

ZUGEHÖRIGKEIT: Republik
HEIMATWELT: Naboo
SPEZIES: Gungan
GRÖSSE: 1,96 m
AUFTRETEN: I, II, III
SIEHE AUCH:
 Qui-Gon Jinn,
 Padmé Amidala

Abgetragene, elastische Gunganhose

Kräftige Wadenmuskeln zum Schwimmen

Jar Jar meint es gut, neigt jedoch zu Missgeschicken. Dieses schlichte Gemüt wird im Senat in eine Position gebracht, die seine Fähigkeiten übersteigen könnte. Glücklicherweise schätzen die Naboo ein reines Herz mehr als andere Führungsqualitäten.

Gute Absichten

In Padmés Abwesenheit repräsentiert Jar Jar Naboo im Senat. Mit den besten Absichten leitet er eine neue galaktische Ära ein, als er den Antrag stellt, dem Obersten Kanzler Palpatine Notstandsvollmachten zu erteilen. So soll der Bedrohung durch die Separatisten begegnet werden.

Enge Hosenbeine, um Sumpfkriecher abzuhalten

JAWA
GESCHÄFTSTÜCHTIGE SCHROTTHÄNDLER

JAWAS SAMMELN Altmetall, verirrte Droiden und anderes Gerät auf Tatooine. Wenn Jawas in Siedlungen auftauchen, um ihre Waren zu verkaufen, halten Droiden sich fern und die Bewohner ihre Landgleiter im Auge. Nicht selten verschwinden Dinge, wenn Jawas in der Nähe sind!

Die meisten Jawas suchen in riesigen Sandkriechern die Dünen und staubigen Felsen ab.

- Leuchtende Augen
- Schwere Kapuze schützt vor gleißender Sonne.
- Waffengurt
- Ionenblaster

Wüstenfund

Unglücksselige Droiden, die sich verirren oder als Schrott entsorgt werden, sind die bevorzugte Beute der Jawas. Sie schaffen alles, was sie finden, zu ihren Sandkriechern, wo magnetische Saugröhren es ins Innere dieser uralten Minenraupen befördern.

Die scheuen, habgierigen Jawas tragen zum Schutz vor Tatooines Zwillingssonnen dunkle Kutten. Mit ihren leuchtenden Augen können sie in finstren Klüften sehen, in denen sie sich verkriechen. Nichtjawas finden ihre nagetierartigen Gesichter sehr hässlich.

DATENBANK

ZUGEHÖRIGKEIT: keine
HEIMATWELT: Tatooine
GRÖSSE: 1,00 m
AUFTRETEN: I, II, IV, VI, CW
SIEHE AUCH:
Tusken-Räuber

JOCASTA NU
JEDI-BIBLIOTHEKARIN

MADAME JOCASTA NU ist Leiterin des Jedi-Archivs im Tempel auf Coruscant. Ihr Gedächtnis scheint es mit den Archiven selbst aufnehmen zu können, die sie vor allem als Werkzeug sieht. So erwartet sie von Jedi und Hilfspersonal, Nachforschungen selber anzustellen.

Das Jedi-Archiv enthält Wissen über jeden Teil der bekannten Galaxis.

Traditionelles Ansata-Muster symbolisiert Wissen und Bildung.

Stolze Archivarin

Als Obi-Wan den Planeten Kamino in den Aufzeichnungen des Archivs nicht findet, beharrt Jocasta Nu darauf, dass es ihn folglich nicht geben kann. Später entdeckt sie Beweise dafür, dass Count Dooku die Aufzeichnungen sabotiert hat, um das Geheimnis um die Klonarmee zu wahren.

DATENBANK

ZUGEHÖRIGKEIT: Jedi
HEIMATWELT: Coruscant
SPEZIES: Mensch
GRÖSSE: 1,67 m
AUFTRETEN: II, CW
SIEHE AUCH: Obi-Wan Kenobi, Count Dooku

Tasche mit Datenspeicherkristallen und Hologloben

Madame Nu wurde vor ihrer Zeit im Jedi-Archiv regulär zur Jedi ausgebildet. Doch sie zog den Weg des Wissens einer aktiven Rolle im Kampf vor. Nu bereist die Galaxis und sammelt Daten für das Archiv. Dennoch beherrscht sie nach wie vor den Lichtschwertkampf.

Zur Erinnerung an frühere Kampfeinsätze getragenes Lichtschwert

KI-ADI-MUNDI
CEREANISCHER JEDI-MEISTER

DER CEREANISCHE Jedi-Meister Ki-Adi-Mundi hat einen langgezogenen Schädel, in dem sich ein komplexes Binärgehirn findet. In den Klonkriegen kämpft er als Jedi-General unter anderem auf Geonosis und Mygeeto.

Ki-Adi-Mundi hatte zwei Lehrmeister: die mysteriöse Dunkle Frau und Yoda.

- Großes, von einem zweiten Herzen versorgtes Gehirn
- Cereanische Manschetten
- Reisebeutel
- Cereanische Kampfstiefel

Auf in den Kampf
Ki-Adi-Mundi erlebt viele Schlachten mit Commander Bacara, unter anderem beim Angriff auf Mygeeto. Doch als die Order 66 erteilt wird, wenden sich die Klonsoldaten gegen ihn. Er wehrt sich tapfer, wird letztlich aber getötet.

Ki-Adi-Mundi sitzt im Jedi-Rat. Er ist ein besonnener Jedi, der im Kampf großes Können und Mut beweist. Obwohl Jedi, ist es Mundi erlaubt zu heiraten, weil die Geburtenrate der Cereaner so niedrig ist.

DATENBANK
ZUGEHÖRIGKEIT: Jedi
HEIMATWELT: Cerea
SPEZIES: Cereaner
GRÖSSE: 1,98 m
AUFTRETEN: I, II, III, CW
SIEHE AUCH: Commander Bacara, Yoda

KIT FISTO
NAUTOLANISCHER JEDI-MEISTER

JEDI-MEISTER KIT FISTO ist ein furchtloser Kämpfer, der sich den 200 Jedi anschließt, die die Gefangenen aus der Exekutionsarena auf Geonosis befreien wollen. In den Klonkriegen erhält Fisto einen Sitz im Jedi-Rat. Er ist ein Veteran zahlreicher Schlachten.

Kit Fisto führt in der Schlacht von Geonosis eine Spezialeinheit von Klonkriegern an.

Gute Sicht im Dunkeln

Tentakel registrieren chemische Signaturen von Feinden.

DATENBANK
ZUGEHÖRIGKEIT: Jedi
HEIMATWELT: Glee Anselm
SPEZIES: Nautolaner
GRÖSSE: 1,96 m
AUFTRETEN: II, III, CW
SIEHE AUCH: Mace Windu

Jedi-Robe

Gefallener Jedi
Viele Jedi erfüllen Missionen auf fernen Welten, doch Mace Windu findet in Fisto und zwei weiteren Schwertkampfmeistern Unterstützung bei der Verhaftung Palpatines. Doch nur wenige Jedi aus Maces Generation haben je gegen einen Sith-Lord gekämpft, und so fallen sie Sidious' Klinge zum Opfer.

Als amphibischer
Nautolaner von Glee Anselm kann Kit Fisto an Land oder im Wasser leben. Seine Kopftentakel sind sehr empfindlich und lassen ihn die Emotionen anderer wahrnehmen. Diese Gabe erlaubt es Fisto, die Unsicherheit eines Feindes im Kampf sofort auszunutzen.

KO SAI
CHEFTECHNIKERIN FÜR DIE KLONARMEE

DIE KAMINOANISCHE Cheftechnikerin Ko Sai überwacht die biologischen Aspekte des Klonarmee-Projekts. Sie beaufsichtigt die heikle Modifikation des Gencodes, dank der die Klone doppelt so schnell wachsen wie ein normaler Mensch und besonders gehorsam sind.

Kaminos Städte stehen auf Stelzen in den kaminoanischen Meeren und bilden Kolonien rund um den Planeten.

- Tasche für Serumproben
- Eng anliegender schwarzer Unteranzug
- Schwarze Manschetten als Zeichen der Ehre
- Weiße, figurbetonte Kleidung
- Zehengängerstellung der Füße erhöht Körpergröße.

Schnelles Lernen
Ko Sai und ihre Ingenieure haben spezielle Übungshelme für die jungen Klone entwickelt, um ihre Lernfähigkeit zu steigern. Obwohl sie direkt an der Ausbildung beteiligt ist, empfindet Ko Sai nichts für die Klone. Sie zögert nicht, die auszumerzen, die sie für mangelhaft hält. Ihr nach außen höfliches Benehmen verbirgt ihre Intoleranz gegenüber physischen Mängeln.

DATENBANK
ZUGEHÖRIGKEIT: keine
HEIMATWELT: Kamino
SPEZIES: Kaminoaner
GRÖSSE: 2,21 m
AUFTRETEN: II
SIEHE AUCH: Lama Su, Obi-Wan Kenobi

In den Klonkriegen
verschwindet Ko Sai. Mehrere Fraktionen suchen sie: Die Republik muss verhindern, dass ihr Wissen an den Feind fällt, einige Klone erhoffen sich eine normale Lebensspanne, und Palpatine will durch Genmanipulation unsterblich werden.

LAMA SU
PREMIERMINISTER VON KAMINO

LAMA SU IST DER PREMIERMINISTER von Kamino, wo die Klonarmee erschaffen wird. Er traf sich mit Sifo-Dyas, dem mysteriösen Jedi, der die Klonarmee in Auftrag gab. Der Zweck dieser Armee interessiert Lama nicht, bloß der finanzielle Vorteil für sein Volk.

Kaminoaner fliegen auf Aiwhas, die ebenso gut schwimmen können, zwischen Städten hin und her.

Wegen länglicher Knochen eher bewegungsarmer Hals

DATENBANK

ZUGEHÖRIGKEIT: keine
HEIMATWELT: Kamino
SPEZIES: Kaminoaner
GRÖSSE: 2,29 m
AUFTRETEN: II
SIEHE AUCH: Ko Sai, Obi-Wan Kenobi

Große Führung

Lama Su führt Obi-Wan Kenobi persönlich durch die Klonfabrik. Der Premierminister ist einer der wenigen Kaminoaner, die Kontakt zu Außenweltlern haben. Allerdings fühlt er sich in ihrer Gegenwart nicht sehr wohl. Er stört sich nicht daran, dass Kenobi nicht mit dem Projekt vertraut ist.

Amtstracht

Gelenkige Finger

Kamino ist ein abgelegener Wasserplanet, abgeschnitten von den großen Ereignissen der Galaxis. Lama Su hat wenig Interesse an außenweltlicher Politik und denkt nur an die technischen Herausforderungen des Klonens einer gewaltigen Armee.

Kleine Füße, angepasst an den festen Meeresgrund Kaminos und nun an harte Fußböden

LANDO CALRISSIAN
BARON-ADMINISTRATOR DER WOLKENSTADT

DER VERWEGENE Lando Calrissian ist ein Gauner, Betrüger, Schmuggler und Glücksspieler, der die Kontrolle über die Wolkenstadt beim Sabacc gewann. Er genießt die Verantwortung als Baron-Administrator.

Lando verkleidet sich als niedere Skiffwache in Jabbas Palast, um bei Han Solos Rettung zu helfen.

- Ausgeborgter Rebellenblaster
- Hemd aus Tarelle-Sel-Tuch
- Königliche Embleme

Landos Wolkenstadt ist eine sagenhafte Minenkolonie auf Bespin. Nach Verlassen der Stadt schließt Lando sich den Rebellen an. Er wird zum General befördert, und obwohl er weiter nach Abenteuern strebt, stellt er sich fortan in den Dienst der guten Sache.

DATENBANK

ZUGEHÖRIGKEIT: Rebellenallianz
HEIMATWELT: unbekannt
SPEZIES: Mensch
GRÖSSE: 1,78 m
AUFTRETEN: V, VI
SIEHE AUCH: Lobot, Han Solo, Ugnaught

Verrat

Calrissian ist gezwungen, Han Solo und seine Freunde an Darth Vader zu verraten, um die Unabhängigkeit der Wolkenstadt zu sichern. Als der Sith-Lord seinen Teil der Abmachung nicht einhält, plant Lando eine Rettungsaktion und flieht aus der Stadt, die er einst führte.

106

LOBOT
HAUPTVERWALTUNGSASSISTENT DER WOLKENSTADT

LOBOT IST Hauptverwaltungsassistent der Wolkenstadt. Durch kybernetische Implantate am Kopf steht er jederzeit mit dem Zentralcomputer in Verbindung. Lobot kann zahlreiche Dinge gleichzeitig überwachen.

Der effiziente, ruhige Lobot ist der perfekte Assistent für den extravaganten Lando Calrissian.

Verbindung zum Zentralcomputer der Stadt

DATENBANK
ZUGEHÖRIGKEIT: Rebellenallianz
HEIMATWELT: Bespin
SPEZIES: Mensch/Cyborg
GRÖSSE: 1,75 m
AUFTRETEN: V
SIEHE AUCH: Lando Calrissian

Störsignalfeld erzeugender Gürtel

Fein gewebtes Hemd aus Sherculién-Stoff

Zur Rettung
Lobot ist kein Freund von Palpatines Imperium. Als Lando Calrissian sich gegen Vader wendet und beschließt, Han Solos Freunde zu retten, erweist sich Lobots Verbindung zum Zentralcomputer als nützlich. Auf Calrissians „Code: Einheit Sieben" hin taucht er mit Wachen der Wolkenstadt auf, um Leia, Chewbacca und C-3PO zu befreien.

Lobot, Sohn eines von Piraten ermordeten Sklavenhalters, floh in die Wolkenstadt, wo er wegen Diebstahls verhaftet wurde. Um seine Schuld zu tilgen, willigte Lobot ein, sich ein kybernetisches Implantat einpflanzen zu lassen, um so der Stadt zu dienen. Auch nach Ablauf der Strafe blieb er in diesem Amt.

LOGRAY
OBERSTER SCHAMANE DER EWOKS

LOGRAY IST STAMMESSCHAMANE und Medizinmann der Ewoks. Er setzt sein Wissen über Rituale und Magie ein, um seinem Volk zu helfen und ihm Ehrfurcht einzuflößen. Logray hält die alten Ewok-Traditionen wie Initiationsriten und Opferungen hoch. Nach der Schlacht von Endor wird er als Scharlatan enttarnt und aus dem Dorf verbannt.

Logray und Häuptling Chirpa überzeugen ihren Stamm, sich den Rebellen im Kampf anzuschließen.

DATENBANK
ZUGEHÖRIGKEIT: Republik/Rebellenallianz
HEIMATWELT: Endor
SPEZIES: Ewok
GRÖSSE: 1,00 m
AUFTRETEN: VI
SIEHE AUCH: Häuptling Chirpa

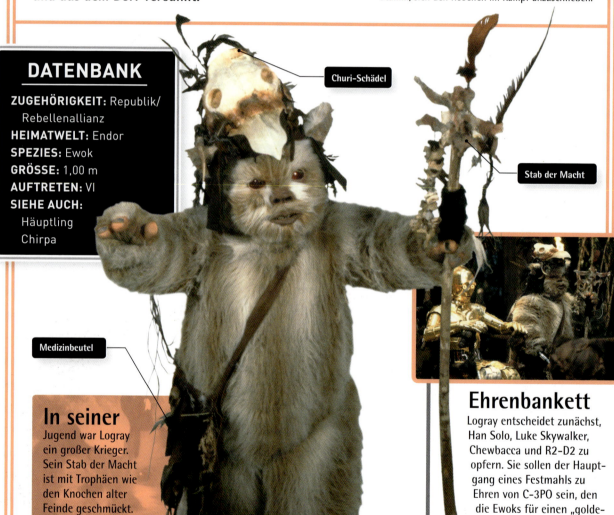

Churi-Schädel

Stab der Macht

Medizinbeutel

Gestreiftes Fell

In seiner Jugend war Logray ein großer Krieger. Sein Stab der Macht ist mit Trophäen wie den Knochen alter Feinde geschmückt. Logray misstraut allen Fremden, und die Ankunft der Imperialen hat ihn darin noch bekräftigt.

Ehrenbankett
Logray entscheidet zunächst, Han Solo, Luke Skywalker, Chewbacca und R2-D2 zu opfern. Sie sollen der Hauptgang eines Festmahls zu Ehren von C-3PO sein, den die Ewoks für einen „goldenen Gott" halten.

LUKE SKYWALKER
LEGENDÄRER REBELLENPILOT UND JEDI

DER TATOOINISCHE Farmarbeiter Luke Skywalker stürzt mitten ins Abenteuer, als er in einem neuen Droiden eine geheime Botschaft entdeckt. Luke wird Raumpilot für die Rebellenallianz und erfüllt als legendärer Jedi-Ritter sein wahres Schicksal.

Im Kampf mit Darth Vader erfährt Luke die Wahrheit über seinen Vater.

DATENBANK
ZUGEHÖRIGKEIT: Rebellenallianz
HEIMATWELT: Tatooine
SPEZIES: Mensch
GRÖSSE: 1,72 m
AUFTRETEN: III, IV, V, VI
SIEHE AUCH: Prinzessin Leia, Han Solo, Yoda, Darth Vader

Pfad des Jedi
Luke steigt beim Angriff auf den ersten Todesstern ins Cockpit eines X-Flüglers. In den Folgejahren wird er zu einem großen Anführer der Rebellenallianz. Yoda hilft ihm, seine Machtfähigkeiten zu entdecken, und als Jedi stellt er sich dem Imperator und Darth Vader. Die Hoffnung der Galaxis auf Freiheit liegt in seiner Hand.

- Tatooinische Farmertunika
- Droidenrufer
- Werkzeugtasche
- Anakin Skywalkers Lichtschwert

Der junge Luke
will der eintönigen Arbeit auf der Feuchtfarm seines Onkels entfliehen. Aufregend ist sein Leben nur im T-16-Lufthüpfer – seine Fähigkeiten als Pilot sind ausgezeichnet. Später kehrt Luke nach Tatooine zurück, um Han Solo vor Jabba dem Hutt zu retten.

LUMINARA UNDULI
MIRIALANISCHE JEDI-MEISTERIN

LUMINARA UNDULI wurde auf der kalten, trockenen Welt Mirial geboren und in jungen Jahren in den Jedi-Orden aufgenommen. In der Schlacht von Geonosis kämpft sie gegen Dookus Droidenarmee. Sie ist eine der wenigen überlebenden Jedi und dient in den Klonkriegen als Generalin.

Luminara Unduli verliert ihr Leben auf Kashyyyk, als die Order 66 erteilt wird.

Mirialanisches Gesichtstattoo

Schlacht von Geonosis
Luminara Unduli und über 200 andere Jedi kämpfen in der Arena von Geonosis erbittert gegen Count Dookus Droidenarmee und geonosianische Soldaten. Sie gehört zu einer Handvoll Jedi, die noch leben, als Jedi-Meister Yoda mit der neu erschaffenen Klonarmee zu Hilfe eilt.

Form-III-Lichtschwerthaltung

DATENBANK
ZUGEHÖRIGKEIT: Jedi
HEIMATWELT: Mirial
SPEZIES: Mirialanerin
GRÖSSE: 1,70 m
AUFTRETEN: II, III, CW
SIEHE AUCH: Barriss Offee

Unduli ist eine mirialanische Adeptin, eine Kriegerin, die ihre Kampfkunst perfektioniert hat. In den Klonkriegen war sie auf Planeten wie Ilum, Nadiem und Geonosis an Gefechten beteiligt.

LYN ME
TÄNZERIN IN DER MAX-REBO-BAND

LYN ME IST TWI'LEK-Tänzerin und Backgroundsängerin der Max-Rebo-Band in Jabbas Palast. Sie erlernte den Twi'lek-Tanz und erregte bald darauf die Aufmerksamkeit von Max Rebo, der ständig auf der Suche nach neuen Talenten ist.

Lyn bereist die Galaxis mit der Max-Rebo-Band.

- Lekku (Kopftentakel)
- Sensua-Riemen
- Elegante Handhaltung
- Tanzschuhe

Gerettet

Boba Fett rettete die junge Lyn Me und viele andere aus der Sklaverei. Die Dorfältesten hatten dem Kopfgeldjäger ihre mageren Ersparnisse überlassen, damit er die Sklavenhalter auslöscht. Daher verehrt Lyn Me Fett als Helden. Beim Tanzen in Jabbas Palast bemerkt sie Boba Fett und hat vor, ihn anzusprechen.

Lyn Me wuchs auf dem öden Nordkontinent von Ryloth auf, der Heimatwelt der Twi'leks. Ihre Spezies leidet seit Generationen Not, und viele werden von den Kriminellen der Unterwelt, die es in ihrer Kultur gibt, in die Sklaverei verkauft.

DATENBANK

ZUGEHÖRIGKEIT: Jabbas Gefolge
HEIMATWELT: Ryloth
SPEZIES: Twi'lek
GRÖSSE: 1,60 m
AUFTRETEN: VI
SIEHE AUCH: Rystáll, Greeata

MACE WINDU
LEGENDÄRER JEDI-MEISTER

MACE WINDU IST EIN führendes Mitglied des Hohen Rats der Jedi. Seine Weisheit und sein Können im Kampf sind legendär. Windu ist ernst und objektiv, doch bei drohender Gefahr auch zu drastischen Taten fähig.

Mace Windu ist ein Meister der Kampfform VII und einer der besten lebenden Lichtschwertkämpfer.

- Grob gewebte Tunika
- Berühmtes Lichtschwert mit violetter Klinge
- Jedi-Mehrzweckgürtel
- Jedi-Tunika erlaubt im Kampf große Bewegungsfreiheit
- Jedi-Stiefel mit ausgezeichnetem Halt

DATENBANK
ZUGEHÖRIGKEIT: Jedi
HEIMATWELT: Haruun Kal
SPEZIES: Mensch
GRÖSSE: 1,88 m
AUFTRETEN: I, II, III, CW
SIEHE AUCH: Yoda, Anakin Skywalker, Palpatine

Bauchgefühl
Mace Windus Argwohn gegenüber Kanzler Palpatine erweist sich als gerechtfertigt, als Anakin offenbart, dass Palpatine ein Sith-Lord ist. Windu handelt unverzüglich und schwört, Palpatine in Gewahrsam zu nehmen – tot oder lebendig.

Mace ist einer der Ersten, der die Gefahr spürt, die von Anakin Skywalker ausgeht, und er führt ohne zu zögern eine Jedi-Eingreiftruppe nach Geonosis, als man dort Kriegsvorbereitungen aufdeckt.

MAGNAWÄCHTER
GENERAL GRIEVOUS' DROIDEN-LEIBWÄCHTER

GENERAL GRIEVOUS' LEIBWÄCHTER wurden nach den Wünschen des Alien-Cyborgs gebaut und von ihm selbst ausgebildet. MagnaWächter kämpfen oft zu zweit und können ihren Kampfstil dem ihres Gegners anpassen. Sie sind mit tödlichen Elektrostäben oder auch Granaten und Raketenwerfern ausgerüstet.

MagnaWächter benutzen ihre Elektrostäbe, um Feinde zu betäuben oder zu töten.

- Mumuu-Umhangsmuster wie auf Grievous' Maske
- Elektrostäbe halten Lichtschwertschlägen stand
- Umhang zeigt Kampfspuren
- Kampfnarben an den Beinen
- Ausfahrbare Ferse für mehr Stabilität

DATENBANK

ZUGEHÖRIGKEIT: Separatisten
TYP: Leibwächterdroide
HERSTELLER: Holowan Maschinenwerke
GRÖSSE: 1,95 m
AUFTRETEN: III, CW

MagnaWächter

ahmen die Elitekrieger nach, die Grievous stets begleiteten, als er noch ein Kriegsherr der Kaleesh war. Andere Separatistenanführer wie Count Dooku setzen die Magna-Wächter ebenfalls als Leibwächter oder Soldaten ein.

Doppelter Ärger

Als Anakin Skywalker und Obi-Wan Kenobi versuchen, Palpatine zu retten, müssen sie auf Grievous' Flaggschiff, der *Unsichtbaren Hand*, mit den zwei MagnaWächtern IG-101 und IG-102 kämpfen. Als Kenobi einem den Kopf abschlägt, kämpft er mit seinen Reserveprozessoren weiter!

113

MALAKILI
WÄRTER VON JABBAS RANCOR

JABBAS TIERPFLEGER Malakili kümmert sich um ein mörderisches Rancor-Monster, das Jabba in einer Grube unter seinem Palast hält. Die Furcht einflößende Bestie ist Malakili ans Herz gewachsen und für ihn eine gutherzige Kreatur und ein Freund!

Jabbas Rancor rettete Malakili einst das Leben, als er von Sandleuten angegriffen wurde.

- Lederkapuze
- Schweißgetränkter Stoffgürtel
- Armschutz
- Alte Zirkushose

DATENBANK
ZUGEHÖRIGKEIT: Jabbas Gefolge
HEIMATWELT: Corellia
SPEZIES: Mensch
GRÖSSE: 1,72 m
AUFTRETEN: VI
SIEHE AUCH: Rancor

Neuanfang
Als Luke Skywalker den Rancor tötet, weint Malakili ungehemmt. Er hatte eigentlich vor, Jabba an seine Rivalin Lady Valarian zu verraten und mit dem Rancor zu fliehen. Nach Jabbas Tod schließt Malakili sich mit dem Palastkoch zusammen und eröffnet in Mos Eisley das erfolgreiche Restaurant Kristallmond.

Malakili arbeitete einst als Tierpfleger in einem Wanderzirkus. Er wurde zum Gesetzlosen, als eine seiner gefährlichen Zirkusbestien während einer Vorstellung auf Nar Shaddaa ausbrach und mehrere Zuschauer tötete. Nach diesem Vorfall wurde Malakili an Jabba den Hutt verkauft.

MAS AMEDDA
CHAGRIANISCHER SENATSSPRECHER

MAS AMEDDA IST SPRECHER des Galaktischen Senats auf Coruscant, wo er in Debatten für Ordnung sorgt. Amedda ist ein ernster und stoischer Chagrianer und einer der wenigen, die wissen, dass Palpatine mehr ist, als er zu sein scheint.

Amedda schlägt als Erster den vor, der Senat solle Palpatine Notstandsvollmachten erteilen.

- Sprecherstab
- Kampf- und Balzhörner
- Blaue Haut blockiert gefährliche Strahlung.
- Staatsrobe

Während
Valorums Amtszeit als Oberster Kanzler ist Mas Amedda stellvertretender Vorsitzender im Senats. Da er insgeheim für Palpatine arbeitet, tut Amedda alles, damit der Senat sich in endlose Debatten verstrickt. Dadurch verliert Valorum die Unterstützung vieler Senatoren.

Zusammenhalt
Mas Amedda ist nach dem Kampf mit Yoda im Senat an Palpatines Seite, während dessen Stoßtruppsoldaten nach dem Jedi-Meister suchen. Amedda bleibt weiter im Amt, als Palpatine die Republik ins Galaktische Imperium umwandelt.

DATENBANK
ZUGEHÖRIGKEIT: Republik/Imperium
HEIMATWELT: Champala
SPEZIES: Chagrianer
GRÖSSE: 1,96 m
AUFTRETEN: I, II, III, CW
SIEHE AUCH: Palpatine

MAX REBO
LEITER VON JABBAS HOFBAND

DER IN DER BRANCHE als Max Rebo bekannte blaue Ortolaner ist ein halb wahnsinniger, völlig vom Essen besessener Organist. Als der vergnügungssüchtige Verbrecherlord Jabba der Hutt Max einen Vertrag anbietet, der als Gage nur freie Verpflegung vorsieht, nimmt er sofort an – zum Entsetzen der anderen Bandmitglieder!

Max Rebos Band begleitet Jabbas Gefolge auch auf der Segelbarke des Hutts.

DATENBANK

ZUGEHÖRIGKEIT: Jabbas Gefolge
HEIMATWELT: Orto
SPEZIES: Ortolaner
GRÖSSE: 1,50 m
AUFTRETEN: VI
SIEHE AUCH: Sy Snootles, Droopy McCool

Unter Vertrag

Jabba ist so begeistert von der wilden Musik der Max-Rebo-Band, dass er ihr einen Vertrag auf Lebenszeit anbietet. Die Band spielt, als Luke Skywalker den Palast betritt, um Han Solo zu retten. Nach Jabbas Tod bei der Großen Grube von Carkoon löst die Band sich auf.

- Ausgeprägter Geruchssinn
- Ohren speichern Fett.
- Luftzufuhr
- Fingerspitzen können Essen und Trinken aufnehmen.

Max Rebos
echter Name lautet Siiruulian Phantele. Für einen Ortolaner ist er recht dürr. Wegen seiner Essucht trifft er als Bandleader oft falsche Entscheidungen, doch er ist ein hingebungsvoller Musiker und sehr gut an seinem Instrument – der Rotballdüsenorgel.

MOFF JERJERROD
KOMMANDANT DES ZWEITEN TODESSTERNS

MOFF JERJERROD ÜBERWACHT den Bau des zweiten Todessterns. Während der Schlacht von Endor lässt Jerjerrod den Superlaser der Station gegen die Rebellenstreitkräfte einsetzen. Er stirbt, als die Rebellen den Reaktor des Todessterns in die Luft jagen.

Jerjerrod begründet den langsamen Arbeitsfortschritt am Todesstern mit dem Mangel an Arbeitern.

- Plakette mit Rangabzeichen
- Imperialer Codezylinder
- Imperiale Offiziersgürtelschnalle
- Imperiale Offiziersjacke
- Flottenstiefel

Jerjerrod wurde als Sohn einer wohlhabenden Familie auf der Kernwelt Tinnel IV geboren. Er ist hinterhältig und ohne höhere Ambitionen, als er in den Reihen des Imperiums aufsteigt – beides vorteilhaft für einen Moff. Als man ihn dem streng geheimen Todesstern-Bauprojekt zuweist, arbeitet er verdeckt als „Direktor des imperialen Energiesystems".

Volle Verantwortung

Als der Bau des Todessterns in Verzug gerät, schickt der Imperator Darth Vader, um Druck auf Moff Jerjerrod auszuüben. Als dieser erfährt, dass der Imperator bald persönlich eintreffen wird, versichert er Vader, dass seine Männer ihre Bemühungen verdoppeln werden.

DATENBANK
ZUGEHÖRIGKEIT: Imperium
HEIMATWELT: Tinnel IV
SPEZIES: Mensch
GRÖSSE: 1,70 m
AUFTRETEN: VI
SIEHE AUCH: Darth Vader, Captain Needa

117

MON MOTHMA
ANFÜHRERIN DER REBELLENALLIANZ

MON MOTHMA ist die oberste Anführerin der Rebellion. Als Mitglied des Galaktischen Senats kämpft sie für die Freiheit, bis das böse Imperium immer mehr um sich greift. Mothma kehrt dem Senat den Rücken und arbeitet mit Bail Organa an der Gründung einer Rebellenallianz zum Sturz des Imperiums.

Nach dem Fall des Imperiums wird Mothma zur ersten Staatschefin der Neuen Republik.

- Hanna-Amulett
- Schlichte chandrilanische Frisur
- Geste der Versöhnung
- Überwurf aus Shraa-Seide
- Elegante Robe aus Fleuréline-Stoff

DATENBANK

ZUGEHÖRIGKEIT: Republik/Rebellenallianz
HEIMATWELT: Chandrila
SPEZIES: Mensch
GRÖSSE: 1,50 m
AUFTRETEN: III, VI, CW
SIEHE AUCH: Bail Organa

Gründer der Rebellion

Mon Mothma und Bail Organa sind überzeugt, Palpatine Widerstand leisten zu müssen. Er hat die Kontrolle über Jedi-Rat und Senat, und seine neuen Gouverneure überwachen sämtliche Sternensysteme. Daher paktieren sie mit einigen vertrauenswürdigen Senatoren, um eine geheime Rebellenbewegung zu gründen.

Mon Mothma stammt aus einer Politikerfamilie und trat sehr jung in den Senat ein. Als die Republik zusammenbricht, geht sie in den Untergrund und vereint mehrere Widerstandszellen zu einer einzelnen Gruppe, der Allianz zur Wiederherstellung der Republik (kurz: Rebellenallianz).

MUFTAK
GAST IN DER CANTINA VON MOS EISLEY

DER TALZ MUFTAK ist ein Taschendieb, der in den verlassenen Tunneln unter Mos Eisley lebt. Er ist Stammgast in Chalmuns Cantina und trinkt dort auch an dem Tag, als Obi-Wan Kenobi und Luke Skywalker vorbeikommen, um nach einem Raumfahrer zu suchen, der sie vom Planeten fortbringt.

Muftaks dichtes Fell schützt seine Spezies vor dem eisigen Klima seiner Heimatwelt.

Tageslichtaugen (Nachtsichtaugen darunter)

Kriminelle Machenschaften
Muftak ist mit vielen Stammgästen der Cantina befreundet. Wenn er nicht gerade trinkt, plant er mit der Chadra-Fan Kabe Diebstähle. Bei einem Einbruch ins Stadthaus von Jabba dem Hutt in Mos Eisley entkommen sie mit Daten für die Rebellenallianz, durch deren Übermittlung sie freien Zugang zu imperialem Hoheitsgebiet erhalten.

Scharfe Krallen

Rüssel zur Nahrungsaufnahme und Kommunikation

Talz sind eine primitive Spezies vom Planeten Alzoc III (mit einer Kolonie auf Orto Plutonia), die nur wenige Werkzeuge nutzen. Muftak wurde als Neugeborenes in Mos Eisley ausgesetzt. Er wusste stets, dass er anders ist als andere, doch nichts von seiner Spezies oder Herkunft.

DATENBANK
ZUGEHÖRIGKEIT: keine
HEIMATWELT: Alzoc III
SPEZIES: Talz
GRÖSSE: 2,10 m
AUFTRETEN: IV
SIEHE AUCH: Figrin D'an

MUSTAFARIANER
(NORDEN)

NORDMUSTAFARIANER sind große, dünne Fremdweltler vom Vulkanplaneten Mustafar. Zwei Spezies haben sich unabhängig in unterirdischen Höhlen im Norden und Süden der Welt entwickelt. Nachdem sie Kontakt aufnahmen, taten sie sich zusammen, um wertvolle Mineralien aus der Lava zu gewinnen.

Mustafarianer reiten lieber auf Lavaflöhen, obwohl sie auch Repulsorlifttechnik besitzen.

Ausrüstungsrucksack

Mustafarianer aus dem Norden sind der Hitze der Lavaströme gegenüber nicht so widerstandsfähig wie die südliche Spezies, darum tragen sie meist wärmeabweisende Rüstung und reiten auf Lavaflöhen.

Wärmeabweisende Rüstung

Geheime Mine

Die Mustafarianer arbeiten nicht nur direkt an den Lavaströmen, sondern betreiben auch eine Minenanlage, die gegen Ende der Klonkriege zur Geheimbasis für die Anführer der Separatisten wird. Ihr Schicksalsduell führt Anakin Skywalker und Obi-Wan Kenobi durch die Mine und zu den Lavaströmen jenseits davon.

DATENBANK

ZUGEHÖRIGKEIT: Separatisten
HEIMATWELT: Mustafar
SPEZIES: Mustafarianer
GRÖSSE: 2,29 m
AUFTRETEN: III
SIEHE AUCH: Mustafarianer (Süden)

Stoßresistentes Exoskelett

Augen unterscheiden zwischen hell und dunkel.

Kräftige Beine zum Springen

120

MUSTAFARIANER
(SÜDEN)

SÜDMUSTAFARIANER sind stämmiger als ihre Nachbarn im Norden, und ihre robuste Haut kann höheren Temperaturen trotzen. Sie haben kräftige Körper, mit denen sie relativ mühelos schweres Gerät tragen. Um in der Nähe der Lavaströme arbeiten zu können, müssen sie jedoch Schutzkleidung tragen.

Mustafars heißes Klima und die Aschewolken haben den Planeten lange Zeit isoliert.

Lava-Arbeiter
Mustafarianische Minenarbeiter werden als Lavaschöpfer bezeichnet, weil sie an Stangen angebrachte Kessel (auch „Lavaschöpfer" genannt) in die blubbernde Lava tauchen.

DATENBANK
ZUGEHÖRIGKEIT: Separatisten
HEIMATWELT: Mustafar
SPEZIES: Mustafarianer
GRÖSSE: 1,50 m
AUFTRETEN: III
SIEHE AUCH: Mustafarianer (Norden)

Atemmaske

Aus alten Lavaflohpanzern hergestellte Schutzkleidung

Lavaresistenter Kessel

Die Mustafarianer
haben seit Jahrhunderten ein Handelsabkommen mit der Techno-Union. Sie versorgen diese mit den Mineralien aus den Lavaströmen und bekommen im Gegenzug Lavasammeldroiden und Repulsorlift-Abbauplattformen.

NABOO-WACHE
LEIBWÄCHTER DES KÖNIGSHAUSES VON NABOO

DIE PALASTGARDE VON NABOO ist die speziell ausgebildete Leibwache von Königin und Hof der Naboo. Diese treuen Soldaten sammeln auf anderen Welten Kampferfahrung und kehren dann heim, um das Königshaus zu schützen.

Truppen von Naboo versuchen, die einfallenden Droiden mit kleinen Gian-Landgleitern zurückzuschlagen.

- Ausrüstungsgürtel
- Kein Beinschutz für Mobilität
- Anti-Blaster-Panzerung
- Bewegungsfreiheit durch ungepanzerte Gelenke
- Schienbeinschützer

DATENBANK
ZUGEHÖRIGKEIT: Republik
HEIMATWELT: Naboo
SPEZIES: Mensch
AUFTRETEN: I, II, CW
SIEHE AUCH: Captain Panaka, Padmé Amidala

Rückkehr der Truppen
Als die Droidenarmee der Handelsföderation auf Naboo einfällt, erfährt die Palastgarde, was es heißt, wirklich zu kämpfen. Doch Naboo unterliegt der Übermacht der Kampfdroiden. Zum Glück können Königin Amidala und Sicherheitschef Panaka fliehen. Sie kehren mit den Gungans zurück, um der Besatzung ein Ende zu bereiten.

Die Palastgarde
Die Palastgarde ist Teil der Königlichen Sicherheitskräfte der Naboo. Sie arbeitet mit der Sicherheitsgarde, die größtenteils Wachposten und Patrouillen stellt, und dem Raumjägerkorps, das die N-1-Sternenjäger fliegt, zusammen. Der Sicherheitschef leitet alle Divisionen.

NEXU
ARENABESTIE MIT SPITZEN ZÄHNEN

DER NEXU IST EINE DER wilden Bestien, die in den Arenen von Geonosis zur Belustigung der begeisterten Menge auf verurteilte Gefangene losgelassen werden. Seine Heimat ist Cholganna, wo er in kühlen Wäldern lebt und jagt. Das zweite Augenpaar sieht im Infrarotbereich und nimmt so die Hitzesignatur warmblütiger Beute wahr.

Der Nexu packt seine Beute mit dem zähnestarrenden Maul, dann schüttelt oder beißt er sie zu Tode.

DATENBANK
HEIMATWELT: Cholganna
LÄNGE: 4,50 m
ERNÄHRUNG: Fleischfresser
LEBENSRAUM: Wald
AUFTRETEN: II
SIEHE AUCH: Padmé Amidala, Acklay, Reek

Zweites Augenpaar für Wärmesicht

Stacheln richten sich im Kampf auf.

Doppelschwanz

Der Nexu wird auf die zum Tode Verurteilten Anakin Skywalker, Obi-Wan Kenobi und Padmé Amidala gehetzt. Padmé klettert auf eine Säule, um den scharfen Zähnen zu entgehen, und benutzt ihre Ketten im Kampf gegen das Untier. Doch erst der von Anakin gerittene Reek schickt es zu Boden.

Zum Kampf getrieben
Ein geonosianischer Picador auf einem zahmen Orray treibt den Nexu mit einer Elektropike in die Arena. Er muss dem Nexu ausweichen, als dieser sich plötzlich herumdreht, denn die scharfen Rückenstacheln verursachen tödliche Wunden.

Breites Maul voll scharfer Zähne

Krallen der Hinterläufe

NIEN NUNB
KOPILOT DES *MILLENNIUM FALKEN*

BEI DER SCHLACHT VON ENDOR ist Nien Nunb Lando Calrissians sullustanischer Kopilot des *Millennium Falken*. Calrissian hat Nunb persönlich für diese Mission ausgewählt, da sie alte Freunde aus Schmugglertagen sind. Lando versteht Niens sullustanische Sprache.

Nunb und Calrissian steuern den *Falken* durch das Innere des unfertigen Todessterns.

Lebenserhaltungseinheit

DATENBANK

ZUGEHÖRIGKEIT: Rebellen
HEIMATWELT: Sullust
SPEZIES: Sullustaner
GRÖSSE: 1,60 m
AUFTRETEN: VI
SIEHE AUCH:
Lando Calrissian

Gurtgeschirr

Zuverlässiger Pilot

Nunb erwarb seine Flugkünste als Pilot eines Raumfrachters der SoroSuub-Gesellschaft. Als SoroSuub das Imperium unterstützte, zeigte Nunb seinen Widerstand, indem er das Unternehmen für die Rebellenallianz bestahl. Anfangs agiert Nunb noch unabhängig, doch letzten Endes wird er ein vollwertiges Mitglied der Allianz.

Isolierter Helm

Nien Nunb ist einer der vielen Sullustaner, die als Kampfpiloten in der Rebellenallianz dienen. Sein Heimatplanet Sullust war vor der Schlacht von Yavin ein Sammelpunkt für die Rebellenflotte. Die Allianz belohnte Nunb für seine Tapferkeit in der Schlacht mit einem Orden, dem Mond des Kalidor.

Antischwerkraft-Druckanzug

Energieabschirmender Stoff

NUTE GUNRAY
NEIMOIDIANISCHER VIZEKÖNIG

DER MÄCHTIGE VIZEKÖNIG der Handelsföderation Nute Gunray ist hinterhältig und geht für seine Geschäftsziele über Leichen. Gunray wird zur Spielfigur von Darth Sidious, als er sich bereit erklärt, auf dem friedlichen Naboo einzumarschieren.

Sidious braucht die Handelsföderation nur so lange, bis seine Herrschaft über die Galaxis gesichert ist.

Nute Gunray ist ein Neimoidianer, eine Spezies, die für ihre ungeheure Gier berüchtigt ist. Er schließt eine Allianz mit Darth Sidious, um mit einer Handelsblockade um Naboo gegen höhere Steuern zu protestieren. Doch als dieses Bündnis zu offenen Kampfhandlungen führt, wird Gunray zunehmend nervös.

- Kammtiara des Vizekönigs
- Schmeichelnde Miene
- Collier des Vizekönigs
- Lange Finger zum Zählen der Profite
- Kunstvolle neimoidianische Kleidung symbolisiert Wohlstand.

Wahres Gesicht

Gunrays wahre Feigheit zeigt sich, als Padmé Amidalas Freiheitskämpfer den Palast stürmen. Als er sich nicht mehr hinter Kampfdroiden verstecken kann, wird Gunray verhaftet. Es zeigt den Niedergang der Republik, dass er sich später seine Freilassung erkaufen und Vizekönig der Handelsföderation bleiben kann.

DATENBANK

ZUGEHÖRIGKEIT: Separatisten
HEIMATWELT: Neimoidia
SPEZIES: Neimoidianer
GRÖSSE: 1,91 m
AUFTRETEN: I, II, III, CW
SIEHE AUCH: Rune Haako, Palpatine, Padmé Amidala

OBI-WAN KENOBI
LEGENDÄRER JEDI-MEISTER

OBI-WAN KENOBI IST ein wahrlich großer Jedi, der inmitten galaktischer Unruhen miterlebt, wie die Republik zerfällt und zusammenbricht. Er ist von Natur aus vorsichtig, doch er besitzt auch eine gesunde Willensstärke und geht ausgezeichnet mit dem Lichtschwert um.

Kenobi stellt sich Darth Vader – einst Kenobis Padawan Anakin Skywalker – im Kampf.

- Untertunika
- Jedi-Mantel
- Kenobis Lichtschwertkünste sind legendär.

Kenobis Weg

führt ihn in eine gänzlich andere Richtung als seinen Jedi-Gefährten Anakin Skywalker. Nach der Großen Jedi-Säuberung hilft Kenobi dabei, Luke und Leia Skywalker zu beschützen. Viele Jahre harrt er auf Tatooine im Verborgenen aus und wacht über Luke, die letzte Hoffnung für den Jedi-Orden.

General Kenobi

Kenobi wird in den Klonkriegen zu einem großen Jedi-General und Piloten (obwohl er nur ungern fliegt). Nach dem Tod seines eigensinnigen Meisters Qui-Gon Jinn nimmt er dessen Schützling Anakin Skywalker selbst zum Schüler. Das Band zwischen Obi-Wan und Anakin ist stark, wenn sie Seite an Seite kämpfen.

DATENBANK

ZUGEHÖRIGKEIT: Jedi
HEIMATWELT: Coruscant
SPEZIES: Mensch
GRÖSSE: 1,79 m
AUFTRETEN: I, II, III, IV, V, VI, CW
SIEHE AUCH: Anakin Skywalker, Luke Skywalker

OCTUPTARRA-DROIDE
KAMPFDROIDE DER TECHNO-UNION

OCTUPTARRA-DROIDEN SIND Furcht einflößende, dreibeinige Kampfdroiden der Techno-Union. Sie verfügen über Lasergeschütze, die sich in Sekundenschnelle drehen und Ziele auf jeder Seite ins Visier nehmen können, was es gegnerischen Truppen beinahe unmöglich macht, sie unbemerkt von hinten anzugreifen.

Nach der Gründung des Imperiums werden die meisten Octuptarra-Droiden deaktiviert.

DATENBANK

ZUGEHÖRIGKEIT: Separatisten
TYP: Kampfdroide
HERSTELLER: Techno-Union
GRÖSSE: 3,60 m
AUFTRETEN: II, CW
SIEHE AUCH: Krabbendroide

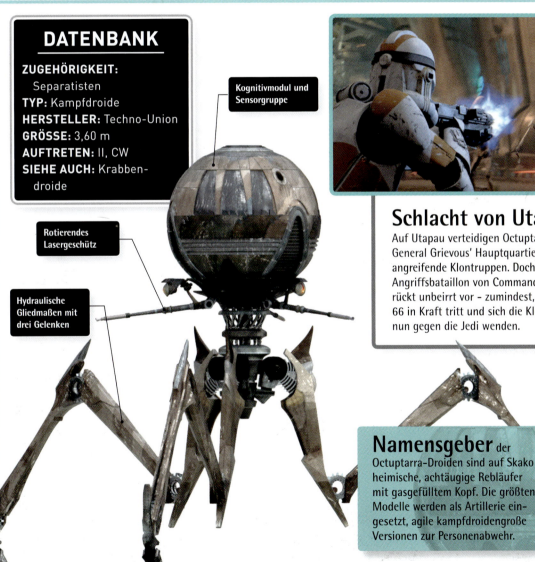

- Kognitivmodul und Sensorgruppe
- Rotierendes Lasergeschütz
- Hydraulische Gliedmaßen mit drei Gelenken

Schlacht von Utapau
Auf Utapau verteidigen Octuptarra-Droiden General Grievous' Hauptquartier gegen angreifende Klontruppen. Doch das 212. Angriffsbataillon von Commander Cody rückt unbeirrt vor – zumindest, bis die Order 66 in Kraft tritt und sich die Klonkrieger nun gegen die Jedi wenden.

Namensgeber der Octuptarra-Droiden sind auf Skako heimische, achtäugige Rebläufer mit gasgefülltem Kopf. Die größten Modelle werden als Artillerie eingesetzt, agile kampfdroidengroße Versionen zur Personenabwehr.

OOLA
TWI'LEK-TÄNZERIN

OOLA IST EINE GRÜNHÄUTIGE Twi'lek-Tänzerin und Sklavin des Verbrecherlords Jabba dem Hutt. Jabbas Majordomus Bib Fortuna entführte Oola aus ihrem Clan und ließ sie durch andere Twi'lek-Mädchen im exotischen Tanz unterrichten, um sie seinem Boss zum Geschenk zu machen.

Oola tanzt in Jabbas Palast um ihr Leben, doch sie endet in der Grube des schrecklichen Rancors.

Lekku (Kopftentakel)

Oolas Leben ist tragisch und kurz. Nachdem Bib Fortuna sie versklavte, bietet sich eine Chance zur Flucht, als sie in Mos Eisley Luke Skywalker begegnet. Doch Fortuna hat ihr so viele Lügen über die Pracht von Jabbas Palast erzählt, dass sie ihn mit eigenen Augen sehen will und Lukes Hilfe ablehnt.

Lederriemen

Grausiges Ende

Jabba schenkt Oola ganz besonders viel Aufmerksamkeit und hält sie an seinen Thron gekettet. Doch als Oola sich Jabbas Avancen verweigert, schäumt der abstoßende Hutt vor Wut. Er öffnet die Falltür unter der Tanzfläche und sieht zu, wie Oola von seinem Rancor gefressen wird.

Dünnes Netzkostüm

DATENBANK
ZUGEHÖRIGKEIT: Jabbas Gefolge
HEIMATWELT: Ryloth
SPEZIES: Twi'lek
GRÖSSE: 1,60 m
AUFTRETEN: VI
SIEHE AUCH: Jabba der Hutt

OOM-9
DROIDENKOMMANDANT

OOM-9 IST EIN Kampfdroidenkommandant, der die Droidenarmee bei der Invasion von Naboo anführt. Seine Truppen nehmen erfolgreich die Hauptstadt Theed ein und erzwingen die Evakuierung der Unterwasserstadt Otoh Gunga.

OOM-9s erste Aufgabe besteht darin, die Kampfdroiden für die Invasion von Naboo vorzubereiten.

Makrofernglas

Markierung des befehlshabenden Offiziers

DATENBANK

ZUGEHÖRIGKEIT: Separatisten
TYP: OOM-Droidenkommandant
HERSTELLER: Baktoid Kampfautomaten
GRÖSSE: 1,91 m
AUFTRETEN: I
SIEHE AUCH: Kampfdroide

Motoren mit hohem Drehmoment

Sieg in Sicht
Die Große Armee der Gungans steht auf der Grasebene kurz vor der Vernichtung, als Anakin Skywalker das Droidenkontrollschiff zerstört und OOM-9 so aufhält.

OOM-9 war ein normaler B1-Kampfdroide, bis er umprogrammiert wurde, um als Kommandant zu dienen. Er besitzt Antennen, die ihm die Kommunikation mit dem Droidenkontrollschiff im Orbit ermöglichen.

Knorpelähnliche Schienbeinplatten

Füße können durch Klauen oder Tatzen ersetzt werden.

OPEE-KILLERFISCH
NABOO-SEEUNGEHEUER

IN NABOOS UNTERIRDISCHEN Gewässern lauert im Dunkel der Höhlen der brutale Opee-Killerfisch. Er wartet reglos und benutzt den langen, antennenartigen Köder auf dem Kopf, um die Beute anzulocken. Bei der Verfolgung benutzt er seinen Schwanz und die Ausstoßschlitze, um mit großer Geschwindigkeit auf sie zuzuschwimmen.

Die lange, klebrige Zunge des Opee-Killerfischs schnellt vor, um seine Beute zu fangen.

Köder

DATENBANK
HEIMATWELT: Naboo
LÄNGE: 20 m
ERNÄHRUNG: Fleischfresser
LEBENSRAUM: Seen, Meere
AUFTRETEN: I
SIEHE AUCH: Colo-Klauenfisch, Sando-Aquamonster

Großer Fisch
Der Opee-Killerfisch ist kleiner als einige andere Raubtiere in Naboos Seen. Als er nach dem U-Boot schnappt, in dem sich die Jedi Qui-Gon Jinn und Obi-Wan Kenobi mit dem Gungan Jar Jar Binks befinden, erregt er die Aufmerksamkeit des viel größeren Sando-Aquamonsters.

Opee-Killerfische sind ebenso aggressiv wie hartnäckig. Selbst wenn größere Raubtiere sie angreifen, geben sie nicht auf. Junge Opees fressen sich sogar aus dem Bauch jeder Kreatur heraus, die sie verschlingt!

OPPO RANCISIS
MITGLIED DES JEDI-RATS

OPPO RANCISIS IST EIN THISSPIASIANISCHER Jedi-Meister, der im Hohen Rat sitzt. Er trat dem Orden als Kleinkind bei und wurde von Meisterin Yaddle ausgebildet. Als man ihm den Thron von Thisspias anbot, lehnte er ab, um weiter den Jedi zu dienen, für die er ein wichtiger Militärberater ist.

Oppo nutzt die Jedi-Kunst der Kampfmeditation, um den Ausgang von Konflikten zu beeinflussen.

DATENBANK

ZUGEHÖRIGKEIT: Jedi
HEIMATWELT: Thisspias
SPEZIES: Thisspiasianer
GRÖSSE: 1,38 m
AUFTRETEN: I, II
SIEHE AUCH: Yaddle

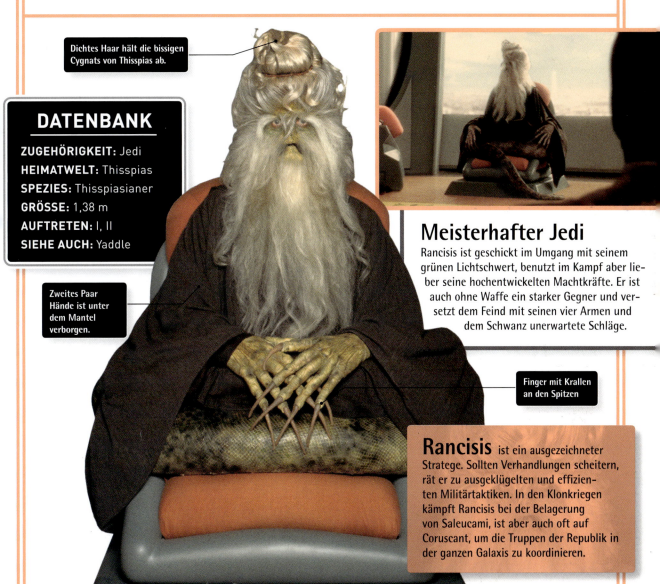

Dichtes Haar hält die bissigen Cygnats von Thisspias ab.

Zweites Paar Hände ist unter dem Mantel verborgen.

Finger mit Krallen an den Spitzen

Meisterhafter Jedi

Rancisis ist geschickt im Umgang mit seinem grünen Lichtschwert, benutzt im Kampf aber lieber seine hochentwickelten Machtkräfte. Er ist auch ohne Waffe ein starker Gegner und versetzt dem Feind mit seinen vier Armen und dem Schwanz unerwartete Schläge.

Rancisis ist ein ausgezeichneter Stratege. Sollten Verhandlungen scheitern, rät er zu ausgeklügelten und effizienten Militärtaktiken. In den Klonkriegen kämpft Rancisis bei der Belagerung von Saleucami, ist aber auch oft auf Coruscant, um die Truppen der Republik in der ganzen Galaxis zu koordinieren.

OWEN LARS
LUKE SKYWALKERS VORMUND

ALS FRISCH VERHEIRATETER MANN traf Owen Lars eine wichtige Entscheidung. Er willigte ein, ein Baby vor dem Zorn des Vaters zu schützen: Darth Vader. Kurz bevor die Mutter, Padmé Amidala, bei der Geburt starb, nannte sie es Luke. Owen gewinnt einen Sohn, aber auch viele neue Sorgen.

Owen, seine Frau Beru und sein Vater Cliegg trafen Lukes Eltern, Anakin und Padmé, nur einmal.

Schlichter Mantel wärmt an kalten Wüstenabenden.

Grobe, in Anchorhead hergestellte Kleidung

Der junge Owen Lars ist der Sohn von Cliegg Lars und dessen erster Frau Aika. Er verbrachte den Großteil seines Lebens auf der Farm des Vaters, die er erbte. Owen verliebte sich in Beru, nachdem er ihr im nahe gelegenen Anchorhead begegnet war. Es ist Beru, die den widerwilligen Owen überzeugt, Anakins Sohn zu adoptieren.

Tunika

Werkzeugtasche

Leben eines Farmers
Später arbeiten Owen und Luke auf der Familienfarm eng zusammen. Sie warten die Evaporatoren, die wertvolle Feuchtigkeit aus der Wüstenluft filtern, und kaufen von Jawas „gebrauchte" Droiden. Der junge Luke ist zwar bereit, das Nest zu verlassen, doch es fällt Owen schwer, die schroffe, beschützende Haltung gegenüber seinem Ziehsohn abzulegen.

DATENBANK
ZUGEHÖRIGKEIT: Republik
HEIMATWELT: Tatooine
SPEZIES: Mensch
GRÖSSE: 1,70 m
AUFTRETEN: II, III, IV
SIEHE AUCH: Beru Lars, Luke Skywalker, Cliegg Lars

Weite Hose für Wüstenklima

Stabile Stiefel

PADMÉ AMIDALA
KÖNIGIN VON NABOO UND SENATORIN

IMMER WIEDER FINDET Padmé Amidala sich im Zentrum des galaktischen Geschehens wieder. Von der Invasion ihrer Heimat Naboo über mehrere Mordanschläge auf sie als Senatorin bis hin zum Todesurteil in einer geonosianischen Arena stellt sich Padmé den Gefahren mit Entschlossenheit und Mut entgegen.

Padmé und Anakin geben sich ihrer Liebe hin, obwohl dies gegen die Regeln der Jedi verstößt.

DATENBANK
ZUGEHÖRIGKEIT: Republik
HEIMATWELT: Naboo
SPEZIES: Mensch
GRÖSSE: 1,65 m
AUFTRETEN: I, II, III, CW
SIEHE AUCH: Anakin Skywalker, Captain Panaka

- Politische Tätigkeit anzeigendes Armband
- Beim Kampf in der Arena von Geonosis entstandene Risse
- Ausrüstungsgürtel
- Reserve-Energiemagazine für Blaster
- Leichter Schienbeinschutz
- Kampfstiefel mit guter Griffigkeit

Königin und Kämpferin
Als junge Königin von Naboo erkennt Padmé Amidala, dass Werte wie Gewaltlosigkeit ihr Volk nicht vor den brutalen Droiden retten können. Sie legt die Amtsgewänder ab und ist den Truppen bei der Beendigung der Invasion ein Vorbild, indem sie die neimoidianischen Anführer gefangen nimmt.

Padmé wuchs in einem kleinen Dorf auf Naboo auf. Wegen ihrer Begabungen wurde sie im Alter von nur vierzehn Jahren zur Königin gewählt. Am Ende ihrer Amtszeit wird Padmé zur Senatorin und kommt auf der galaktischen Hauptwelt Coruscant Anakin Skywalker näher.

PALPATINE

SITH-LORD UND GALAKTISCHER IMPERATOR

PALPATINE IST UNTER vielen Namen bekannt. Erst ist er Senator Palpatine von Naboo, dann der Oberste Kanzler Palpatine. Schließlich erklärt er sich zum Imperator und beherrscht die Galaxis. Die ultimative Macht war stets sein Ziel: Unter dem Namen Darth Sidious ist er der bösartigste aller Sith-Lords.

Als Palpatine plant Sidious insgeheim die Klonkriege, um Republik und Jedi-Orden zu vernichten.

Kapuze ver-deckt Gesicht.

Palpatine gelingt es, seine wahre Identität vor der ganzen Welt geheim zu halten. Jahre-lang gab er sich geduldig und bescheiden, darum erkannten nur wenige seine politischen Ambitionen. Mithilfe der Dunklen Seite verhin-derte er sogar, dass die Jedi hinter seine Maske blickten.

Sidious' wahre Iden-tität kennen nur wenige.

Sith-Kräfte

Mit seinem von der dunklen Energie der Macht vernarbten Gesicht ist Impe-rator Palpatine eine Furcht einflößende Gestalt. Zu seinen tödlichsten Waffen gehören die Sith-Blitze, die aus seinen Fingerspitzen schießen. Ein Machtnutzer kann sie eine Zeit lang abwehren, doch dazu ist immense Anstrengung nötig.

Schwarze Robe verbirgt Sidious vor fremden Blicken.

DATENBANK

ZUGEHÖRIGKEIT: Republik/ Imperium

HEIMATWELT: Naboo

SPEZIES: Mensch

GRÖSSE: 1,78 m

AUFTRETEN: I, II, III, V, VI, CW

SIEHE AUCH: Darth Vader

PASSEL ARGENTE
MAGISTRAT DER HANDELSALLIANZ

PASSEL ARGENTE IST MAGISTRAT der mächtigen Handelsallianz. Er diente auch als Senator seiner Heimatwelt Kooriva. Argente nötigt die Handelsallianz zu einem Militäreinsatz, um die Galaktische Republik zu zerschlagen, und unterstützt die Droidenarmee mit seinen Truppen.

Passel Argente hofft, eine nur kleine Rolle in den Klonkriegen zu spielen, doch Sidious hat andere Pläne.

DATENBANK
ZUGEHÖRIGKEIT: Separatisten
HEIMATWELT: Kooriva
SPEZIES: Koorivar
GRÖSSE: 1,86 m
AUFTRETEN: I, II, III
SIEHE AUCH: Palpatine

Passel Argente ist ein Koorivar, eine humanoide Spezies mit Schädelhörnern, Schuppen und verschiedenen Hautfarben. Als Oberhaupt eines der größten Handelskonzerne der Galaxis wurde Argente von seinem Reichtum und Einfluss korrumpiert. Er schließt sich den Separatisten an, um noch wohlhabender zu werden!

- Habgierige Hände
- Robustes männliches Schädelhorn
- Koorivare haben schuppige Reptilienhaut.
- Robe aus Schimmervogelzungen

Gekaufte Zeit

Argente intrigiert gegen seine separatistischen Verbündeten. Er lässt Wat Tambor beschatten und plant, Dooku zu stürzen. Doch wie all die anderen Separatistenanführer sind er und seine Beraterin Denaria Kee entbehrlich, als sie Imperator Palpatine bzw. Darth Sidious nicht mehr von Nutzen sind.

PAU'ANER-KRIEGER
UTAPAUS STREITKRÄFTE

DER FRIEDLICHE PLANET UTAPAU unterhält ein stehendes Heer, um sich zu verteidigen. Sämtliche Städte des Planeten stellen Rekruten für die Streitmacht Utapaus. Diese lauern im Verborgenen, seit die Kampfdroiden den Planeten besetzt und die Separatistenanführer hier ihr Lager aufgeschlagen haben.

Utapaus Landeplattformen aus versteinerten Knochen sind während der Besatzung leer.

Helm aus exotischer Legierung

Panzerstacheln zum Schutz

Schildform ist dem Panzer riesiger Felsschildkröten auf Utapau nachempfunden.

Kampfgürtel

In die Schlacht
Als der Jedi-Ritter Obi-Wan Kenobi General Grievous stellt und die Armee der Republik ruft, kommt die Streitmacht Utapaus aus ihrem Versteck. Pau'aner-Krieger greifen in die Schlacht gegen die separatistischen Besatzer ein – manche auf Dactillion genannten Reptilien fliegend, andere in ihren verborgenen Sternenjägern und Kriegsschiffen.

Pau'aner-Krieger
führen Schilde und Vibroklingen (wegen der beiden Klingen Zweizack genannt). Sie fliegen entweder Sternenjäger und andere Schiffe oder reiten einheimische Kreaturen wie Varactyle oder die fliegenden Dactillione.

Zweizack mit Vibroklinge

DATENBANK

ZUGEHÖRIGKEIT: Republik
HEIMATWELT: Utapau
SPEZIES: Pau'aner
DURCHSCHNITTLICHE GRÖSSE: 1,90 m
AUFTRETEN: III
SIEHE AUCH: Tion Medon, Utai, Boga, Obi-Wan Kenobi

DROIDENPILOT
DROIDEN DER FA-SERIE

IN DEN KLONKRIEGEN und danach sind Droidenpiloten auf Raumschiffen überall in der Galaxis weit verbreitet. Die Handelsföderation setzt speziell programmierte Kampfdroiden ein, während Unternehmen wie SoroSuub unbewaffnete Modelle wie die Droiden der FA-Serie herstellen.

Auf Geonosis rollt FA-4 an Bord von Dookus Schiff, um es für einen Schnellstart vorzubereiten.

- Feinmotorische Greifer
- Mechanischer Arm
- Ausfahrbarer Hals
- Steuerungseinheit
- Schnell drehender Schultermotor
- Antriebsachse
- Hochleistungsketten

DATENBANK

ZUGEHÖRIGKEIT: Droiden
TYP: Droidenpilot
HERSTELLER: SoroSuub-Gesellschaft
GRÖSSE: 2,10 m
AUFTRETEN: II, III, CW
SIEHE AUCH: Count Dooku

FA-4 ist ein rollender Droidenpilot, hergestellt von der SoroSuub-Gesellschaft. Auf Coruscant und anderen fortschrittlichen Planeten arbeiten Droidenpiloten häufig mit FA-5-Dienerdroiden zusammen, die Passagiere zu SoroSuub-Luftgleitern geleiten.

Dookus Droidenpilot

Der aristokratische Separatistenanführer Count Dooku fliegt in einem Solarsegler der *Punworcca 116*-Klasse durch die Galaxis. Dabei überlässt er einem speziell programmierten FA-4-Droidenpiloten das Steuer. Das verschafft ihm Zeit, um über seine nächsten Schritte nachzudenken.

BOXENDROIDE
DROIDENMECHANIKER FÜR PODRENNER

DIE HEKTISCHEN, EIN WENIG ungeschickten Boxendroiden arbeiten in den Hangars und Rennarenen auf Planeten, die Austragungsorte der Podrennen sind. Sie assistieren bei allen Wartungsarbeiten und unterstehen menschlichen Mechanikern, die komplexe Reparaturen und spezielle Modifikationen am Antrieb überwachen.

Jar Jar Binks findet heraus, dass Boxendroiden aufklappen, wenn man ihnen auf den Kopf schlägt.

- Kopfplatte schützt vor herunterfallendem Werkzeug.
- Gehäuse aus Hartlegierung
- Monokularer Fotorezeptor
- Illegaler Frequenzblocker
- Energieschlüssel

Missgeschick
Beim Boonta-Eve-Classic-Rennen auf Tatooine gehört Ody Mandrell zu den Lieblingen der Menge – er ist jung, waghalsig und hat einen schnellen Podrenner, der den anderen einigen Schaden zufügt - zumindest, bis er einen Boxenstopp einlegt und ein Boxendroide direkt ins Triebwerk gesaugt wird. Jetzt ist Ody aus dem Rennen!

DATENBANK
ZUGEHÖRIGKEIT: Droiden
TYP: Boxendroide
HERSTELLER: Serv-O-Droid
GRÖSSE: 1,19 m
AUFTRETEN: I
SIEHE AUCH: Podrennfahrer

Boxendroiden sind so programmiert, dass sie Befehle schnellstmöglich ausführen, ohne Fragen zu stellen. Entsprechend schlicht sind ihre Logikprozessoren, und so herrscht manchmal Uneinigkeit darüber, wie eine Aufgabe erledigt werden soll, was zu großem Chaos führen kann.

PLO KOON
MITGLIED DES HOHEN RATS DER JEDI

PLO KOON IST RATSMITGLIED und dient in den Klonkriegen als Jedi-General. Dank seiner beeindruckenden Kampffähigkeiten, starken telekinetischen Kräfte und brillanten Flugkünste ist Koon einer der mächtigsten Jedi aller Zeiten. Er entdeckte zudem die junge Jedi Ahsoka Tano.

Plo Koons Sternenjäger stürzt in einer Stadt auf dem Planeten Cato Neimoidia ab.

- Fingerkrallen
- Dicke Haut bedeckt Körper.
- Antiox-Maske
- Weiter Jedi-Mantel
- Praktische Kampf- und Fliegerstiefel

Tragische Mission
Am Ende der Klonkriege führt Plo Koon eine Sternenjäger-Patrouille über Cato Neimoidia an. Ohne Vorwarnung feuern die eigenen Klontruppen auf sein Schiff, nachdem die Order 66 erteilt wurde und sich alle Klone gegen ihre Jedi-Anführer richten. Plos Schiff stürzt auf dem Planeten ab, und er findet sein Ende.

Plo Koon ist ein Kel Dor von Dorin. Eine Spezialmaske schützt seine empfindlichen Augen und Nasenlöcher vor sauerstoffreicher Atmosphäre von Planeten wie Coruscant. Er kämpft in den Klonkriegen auf Geonosis und an vielen weiteren Orten.

DATENBANK
ZUGEHÖRIGKEIT: Jedi
HEIMATWELT: Dorin
SPEZIES: Kel Dor
GRÖSSE: 1,88 m
AUFTRETEN: I, II, III, CW
SIEHE AUCH: Qui-Gon Jinn, Ki-Adi-Mundi

PODRENNFAHRER
GESETZLOSE FREMDWELTLERPILOTEN

PODRENNEN IST KEIN Sport für Zartbesaitete! Podrenner sind bis zu 800 km/h schnell. Kein Wunder, dass die guten Reflexe und körperlichen Mutationen von fremden Spezies hier von Vorteil sind. Tatsächlich wäre der einzig ungewöhnliche Anblick auf der Rennstrecke ein Mensch!

Die 18 Podrenner bei Tatooines berühmtem Boonta Eve Classic reihen sich an der Startlinie auf.

Drei Stielaugen

Zwei stolz von einer Panzerplatte umhüllte Mägen

Wie Rüstung wirkender Schutzanzug beeindruckt Zuschauer und Gegner.

Unterarmschutz

Geborene Rennfahrer
Es gibt Podrennfahrer aller Größen und Formen. Es ist nomal, dabei einen 24-fingrigen Xexto wie Gasgano oder einen auf den „Armen" stehenden Dug wie Sebulba zu sehen. Gasganos Extrafinger erlauben es ihm, mehrere Kontrollen zugleich zu bedienen, während Xamster wie Neva Kee sensorische Eindrücke dank angepassten Gehirns blitzschnell verarbeiten.

Rüstungsschlitze gegen Überhitzung

DATENBANK
ZUGEHÖRIGKEIT: keine
HEIMATWELT: Hok
SPEZIES: Gran
GRÖSSE: 1,22 m
AUFTRETEN: I
SIEHE AUCH: Sebulba, Boxendroiden, Anakin Skywalker

Mawhonic ist ein typischer Podrennfahrer des Äußeren Rands. Er führt ein Leben jenseits der Gesetze und treibt Handel mit den Hutts, ohne die offizielle Währung der Republik zu akzeptieren. Seine drei Augen ermöglichen es ihm, in Sekundenbruchteilen Entscheidungen zu treffen.

140

POGGLE DER GERINGERE
ERZHERZOG VON GEONOSIS

DER ERZHERZOG VON Geonosis, Poggle der Geringere, herrscht über die Stalgasin-Stockkolonie, die alle anderen großen Stöcke auf Geonosis kontrolliert. In seinen Fabriken stellen Legionen geknechteter Drohnen zahllose Kampfdroiden für die Separatisten her.

Poggle, der den Auftrag hatte, eine Superwaffe zu entwickeln, übergibt Dooku die Pläne dafür.

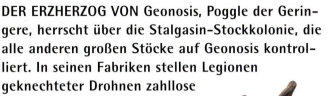

Lange Kehllappen

Flügel der Oberkaste

Aristokratische Verzierungen

Kommandostab

DATENBANK

ZUGEHÖRIGKEIT: Separatisten
HEIMATWELT: Geonosis
SPEZIES: Geonosianer
GRÖSSE: 1,83 m
AUFTRETEN: II, III
SIEHE AUCH: Geonosianischer Soldat, Count Dooku

Poggle stieg durch eiserne Willenskraft aus einer niederen Kaste bis zum Erzherzog auf. Das Einkommen aus dem Droidenprojekt sichert seine Macht. Doch Poggle erkennt nicht, dass sein Leben verwirkt ist, sobald Sidious seine Dienste nicht länger benötigt.

Vorsitzende Anführer

Poggle der Geringere führt den Vorsitz beim ersten Treffen der separatistischen Führungsriege auf seinem Planeten wie auch beim Prozess gegen Anakin Skywalker, Obi-Wan Kenobi und Padmé Amidala wegen Spionage. Poggle und die anderen fliehen in die unteren Ebenen, als die Truppen der Republik eintreffen.

POLIS MASSANER
TELEPATHISCH BEGABTE KALLIDAHIN

DIE FRIEDLICHEN, stummen Aliens, die Polis Massa bewohnen, werden Polis Massaner genannt, sind aber eigentlich Kallidahin von Kallidah. Man nennt sie bloß Polis Massaner, weil sie schon lange auf dem Planetoiden im Äußeren Rand leben.

Polis Massa ist ein großer Fels, der einst Teil eines Planeten war, bevor dieser auseinanderbrach.

Diagnosefingerspitzen

DATENBANK

ZUGEHÖRIGKEIT: Republik
HEIMATWELT: Kallidah
SPEZIES: Kallidahin
GRÖSSE: 1,40 m
AUFTRETEN: III
SIEHE AUCH: Padmé Amidala

Fernbedienung

Proben-
behälter

Eilige Entbindung

Yoda und Bail Organa fliehen nach Polis Massa, um der Order 66 zu entgehen, Obi-Wan Kenobi, C-3PO, R2-D2 und Padmé Amidala folgen ihnen. Padmé ist verwundet und im Begriff, ihre Kinder zur Welt zu bringen. Polis Massaner und mehrere Droiden helfen, die Zwillinge Luke und Leia zu entbinden, doch Padmé selbst können sie nicht retten.

Polis Massaner

sind Archäologen und Exobiologen. Sie wollen aus Gewebe, das sie bei ihren Ausgrabungen finden, neues Leben erschaffen. Hierzu nutzen sie Klontechniken der Kaminoaner. Sie führen Grabungen auf Polis Massa durch, weil sie nach Überresten der ausgestorbenen Eellayin-Zivilisation suchen, die sie für Vorväter der Kallidahin halten.

Knieschützer

PONDA BABA
AQUALISHANISCHER SCHLÄGER

PONDA BABA IST ein Aqualishaner, der versuchte, Luke Skywalker zu provozieren. Luke und Obi-Wan Kenobi suchten in der Cantina von Mos Eisley eine Mitfluggelegenheit. Baba hätte sich nicht mit dem Begleiter eines Jedi anlegen sollen.

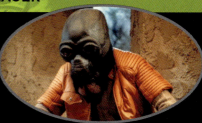

Teak Sidbam ist ebenfalls Aqualishaner und wird manchmal mit Ponda Baba verwechselt.

Stoßzähne wachsen im Alter.

Große Augen, um auf seinem Heimatplaneten unter Wasser zu sehen

Stumpf, nachdem Arm abgetrennt wurde

DATENBANK

ZUGEHÖRIGKEIT: keine
HEIMATWELT: Ando
SPEZIES: Aqualishaner
GRÖSSE: 1,70 m
AUFTRETEN: IV
SIEHE AUCH: Doktor Evazan, Obi-Wan Kenobi

Ponda Baba hat sich mit dem Störenfried Dr. Evazan zusammengetan, nachdem er dessen Leben rettete und erkannte, dass sie beim Schmuggeln für Jabba gemeinsam mehr Geld machen können. Nach dem Kampf in der Cantina versucht Evazan, Ponda Babas Arm wieder anzunähen, doch er scheitert und tötet den Aqualishaner beinahe.

Cantina-Konfrontation

Ponda Baba und sein Komplize Dr. Evazan werden von einem alten Mann überrascht, der den Umgang mit dem Lichtschwert beherrscht, einem fast vergessenen Relikt aus den glorreichen Tagen der Galaktischen Republik. Doch auch für Luke ist diese erste Demonstration von Kenobis Künsten eine Offenbarung und auch ein Hinweis auf die mögliche Rückkehr der Jedi.

ENERGIEDROIDE
MOBILE ENERGIEEINHEITEN

MANCHE DROIDEN wie hochentwickelte Piloten- und OP-Droiden sind zu Großem bestimmt, andere wie C-3PO werden zu Großem gezwungen. Doch es gibt auch Droiden, die so gewöhnlich sind, dass sie zeitlebens unbemerkt bleiben. Hierzu gehören Energiedroiden, die als mobile Generatoren fungieren.

Energiedroiden haben eine sehr schlichte künstliche Intelligenz und verlaufen sich leicht.

Energiedroiden
– man unterscheidet die EG-Serie von Veril Anlagensysteme und die GNK-Serie von Industrie-Automaton – werden wegen der tiefen Huplaute, die sie im aktiven Betrieb von sich geben, manchmal auch „Gonk"-Droiden genannt. Industrie-Automaton stellte in den Klonkriegen auch eine mit Tibannagas gefüllte PLNK-Serie her.

- Energiestecker
- Monochromatischer Fotorezeptor
- Interner Energiegenerator
- Droidenfüße

GNK-Energiedroiden
Auf unterentwickelten Provinzplaneten in der ganzen Galaxis sind GNK-Energiedroiden in jedem Schrottladen zu finden. In dem von Watto auf Tatooine gibt es ein paar mitgenommene GNK-Einheiten. Watto poliert gebrauchte Ware kurzfristig auf, um bei seinen Kunden einen besseren Preis zu erzielen.

DATENBANK
ZUGEHÖRIGKEIT: Droiden
TYP: Energiedroide
HERSTELLER: Industrie-Automaton und Veril Anlagensysteme
UNGEFÄHRE GRÖSSE: 1,00 m
AUFTRETEN: I, IV, V, VI, CW
SIEHE AUCH: Droidenpilot, 2-1B, C-3PO

PRINZESSIN LEIA
SENATORIN UND REBELLENANFÜHRERIN

ALS SENATORIN VON Alderaan reist Prinzessin Leia Organa an Bord der *Tantive IV* auf diplomatischer Mission durch die Galaxis. Insgeheim arbeitet sie für die Rebellenallianz, stellt Kontakte her und beschafft dringend benötigte Ausrüstung.

Auf Endor beweist Leia, dass sie noch immer eine der besten Schützinnen der Allianz ist.

DATENBANK
ZUGEHÖRIGKEIT: Rebellenallianz
HEIMATWELT: Alderaan
SPEZIES: Mensch
GRÖSSE: 1,50 m
AUFTRETEN: III, IV, V, VI
SIEHE AUCH: Bail Organa, Luke Skywalker, Han Solo

- Kunstvolle Frisur in Anlehnung an ihre Mutter Padmé
- Gestohlener imperialer Blaster
- Traditionelles Kleid des alderaanischen Adels
- Reisestiefel

Leia wurde von ihrem Adoptivvater Bail Organa auf Alderaan großgezogen und auf ihr königliches Amt vorbereitet. Sie nutzt ihre hochrangigen Kontakte, um der Allianz zu helfen, wo immer sie kann. Leia fühlt die Last ihrer Pflichten und beschließt, persönliche Gefühle hintanzustellen. Gegen den Charme eines verwegenen Piloten namens Han Solo ist sie jedoch nicht gefeit. Als Leia als Rebellin enttarnt wird, ist es ihr möglich, mehr sie selbst zu sein.

Entschlossene Anführerin
Leia ist eine Schlüsselfigur der Rebellenallianz, sie überwacht wichtige Missionen und plant mit General Rieekan und anderen Anführern Strategien. In der Echo-Basis auf Hoth blickt Leia konzentriert auf die Scanner und hält Ausschau nach Anzeichen für imperiale Aktivitäten.

KÖNIGIN APAILANA
PADMÉ AMIDALAS NACHFOLGERIN

APAILANA IST GERADE einmal 12 Jahre alt, als sie zur Königin gewählt wird, und somit eine der jüngsten Monarchinnen in der Geschichte von Naboo. Nach der Order 66 nimmt sie Jedi-Flüchtlinge auf Naboo auf, was zu ihrer Ermordung durch das Imperium führt.

Tausende folgen Padmé Amidalas Trauerzug durch Theed.

Fächerartiger Kopfschmuck als Tribut an Padmé Amidala

Weiße Schminke ist alte, königliche Sitte auf Naboo.

Obwohl sie noch sehr jung ist, besitzt Apailana all das, was die Naboo von ihr erwarten: ein reines Herz und völlige Hingabe an die friedlichen Werte des Planeten. Nach Apailanas Tod setzt das Imperium eine Marionette als Herrscherin ein – Königin Kylantha.

Vedaperlenschmuck

Cerlin-Mantel

Standhaft

Königin Apailana ist eine derjenigen, die bei Padmé Amidalas Bestattung auf Naboo am meisten trauern. Padmé hatte sich sehr für ihre Wahl eingesetzt. Obwohl sie laut offizieller Erklärung durch die Hand abtrünniger Jedi starb, glaubt Apailana insgeheim etwas anderes und unterstützt die Jedi weiterhin.

Trauergewand aus Cherseide

DATENBANK
ZUGEHÖRIGKEIT: Republik
HEIMATWELT: Naboo
SPEZIES: Mensch
GRÖSSE: 1,57 m
AUFTRETEN: III
SIEHE AUCH: Padmé Amidala

QUI-GON JINN
JEDI, DER DEN „AUSERWÄHLTEN" FINDET

QUI-GON JINN IST ein erfahrener, aber eigenwilliger Jedi. Er war der Padawan von Count Dooku und der Meister von Obi-Wan Kenobi. Da er Risiko und Einsatz nicht scheut, gerät er bisweilen mit dem Jedi-Rat aneinander. Daher wurde ihm dort kein Sitz angeboten.

Qui-Gon Jinn ist einer der wenigen Jedi, die mit einem Sith-Lord gekämpft haben – Darth Maul!

Jinn ist Meister des Form-IV-Lichtschwertkampfs.

Langes, zurückgebundenes Haar, um freie Sicht zu haben

DATENBANK
ZUGEHÖRIGKEIT: Jedi
HEIMATWELT: unbekannt
SPEZIES: Mensch
GRÖSSE: 1, 93 m
AUFTRETEN: I, CW
SIEHE AUCH: Anakin Skywalker

Jedi-Tunika

Der Auserwählte
Als Jinn dem jungen Anakin Skywalker begegnet, ist er sicher, dass er es ist, der laut Prophezeiung der Macht das Gleichgewicht bringen wird. Um Anakin aus der Sklaverei zu befreien, wettet Jinn bei einem Podrennen mit seinem Besitzer Watto. Das Risiko zahlt sich aus, und Qui-Gon bringt den Jungen nach Coruscant, um ihn dem Hohen Rat zu präsentieren – mit durchwachsenem Erfolg.

Qui-Gon Jinn kämpft beherzt für die Galaktische Republik, erliegt jedoch Darth Mauls dunklen, rohen Kräften. Nach seinem Tod wird Jinn der erste Jedi, der in der Macht weiterlebt – ein Geschenk, das er an Obi-Wan Kenobi, Yoda und Anakin Skywalker weitergeben wird.

Jedi-Kampfhaltung

Robuste Reisestiefel

R2-D2
DER TAPFERSTE DROIDE DER GALAXIS

R2-D2 IST KEIN GEWÖHNLICHER Astromechdroide. Im Laufe vieler Abenteuer hat er eine eigene Persönlichkeit entwickelt. Er ist stur, einfallsreich und hochmotiviert. Obwohl R2-D2 nur durch elektronisches Piepen und Pfeifen kommunizieren kann, schafft er es meist, seine Meinung klarzumachen!

R2-D2 hat viele nützliche Tricks auf Lager wie ausfahrbare Arme und Raketendüsen.

DATENBANK
ZUGEHÖRIGKEIT: Droiden
TYP: Astromechdroide
HERSTELLER: Industrie-Automaton
GRÖSSE: 0,96 m
AUFTRETEN: I, II, III, IV, V, VI, CW
SIEHE AUCH: C-3PO, Prinzessin Leia, Bail Organa

R2-D2 tut sich zum ersten Mal auf Königin Amidalas Raumschiff hervor. In den Klonkriegen dient er Anakin Skywalker und später während der Rebellion Luke Skywalker, indem er im Droidensockel ihrer Jäger sitzt.

- Holografischer Projektor
- Energieauflade-kupplung
- Motorisierte, geländegängige Laufflächen
- Einziehbares drittes Bein

Riskante Mission
Nach Ende der Klonkriege wird R2-D2 Bail Organas diplomatischer Flotte zugewiesen. Prinzessin Leia vertraut ihm die gestohlenen Pläne des Todessterns und eine Nachricht für Obi-Wan Kenobi an. Um seine Mission zu erfüllen, riskiert der Droide allerlei.

R4-G9
OBI-WAN KENOBIS ASTROMECHDROIDE

R4-G9 IST EIN ASTROMECHDROIDE mit bronzener Kuppel, der im Jedi-Tempel auf Coruscant stationiert ist. Kurzzeitig wird er Obi-Wan Kenobi zugeteilt, während dessen Droide R4-P17 erst noch an die neue Klasse von Sternenjägern angepasst wird. Kenobi setzt R4-G9 ein zweites Mal bei seiner wichtigen Mission auf Utapau ein.

Eine von R4-G9s Aufgaben ist die Übertragung von Koordinaten an den Hyperraum-Andockring des Jägers.

DATENBANK

ZUGEHÖRIGKEIT: Droiden
TYP: Astromechdroide
HERSTELLER: Industrie-Automaton
GRÖSSE: 0,96 m
AUFTRETEN: III
SIEHE AUCH: Obi-Wan Kenobi, R4-P17

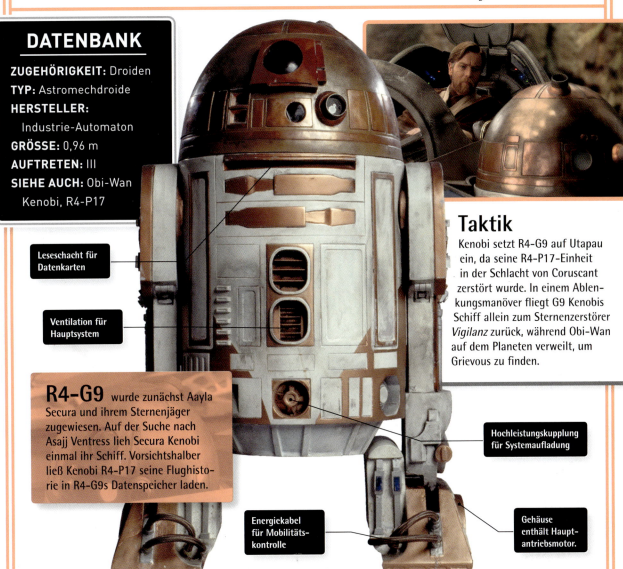

Taktik

Kenobi setzt R4-G9 auf Utapau ein, da seine R4-P17-Einheit in der Schlacht von Coruscant zerstört wurde. In einem Ablenkungsmanöver fliegt G9 Kenobis Schiff allein zum Sternenzerstörer *Vigilanz* zurück, während Obi-Wan auf dem Planeten verweilt, um Grievous zu finden.

R4-G9 wurde zunächst Aayla Secura und ihrem Sternenjäger zugewiesen. Auf der Suche nach Asajj Ventress lieh Secura Kenobi einmal ihr Schiff. Vorsichtshalber ließ Kenobi R4-P17 seine Flughistorie in R4-G9s Datenspeicher laden.

- Leseschacht für Datenkarten
- Ventilation für Hauptsystem
- Energiekabel für Mobilitätskontrolle
- Hochleistungskupplung für Systemaufladung
- Gehäuse enthält Hauptantriebsmotor.

R4-P17
OBI-WAN KENOBIS ASTROMECHDROIDE

R4-P17 IST Obi-Wan Kenobis zuverlässiger Astromechdroide. Vor den Klonkriegen diente er Kenobi in seinem roten Sternenjäger bei der Verfolgung von Jango Fett durch die Asteroidenringe um Geonosis als Kopilot. Später nahm R4-P17 an der Schlacht von Teth und vielen anderen Konflikten teil, bis er am Ende zerstört wurde.

Ein Buzz-Droide schlitzt bei der Schlacht von Coruscant R4-P17s Kuppelkopf auf.

- Logikfunktionsdisplays
- Standardkörper
- Werkzeuge hinter Klappen
- Laufflächen

DATENBANK
ZUGEHÖRIGKEIT: Droiden
TYP: Astromechdroide
HERSTELLER: Industrie-Automaton
GRÖSSE: 0,96 m
AUFTRETEN: II, III, CW
SIEHE AUCH: Obi-Wan Kenobi

Anpassung
Vor den Klonkriegen hatte R4-P17 einen modifizierten Körper, der in den schmalen Flügel von Kenobis Sternenjäger passte. Später wurde er umgebaut, und nun hat er einen echten Astromechkörper, damit er in den neuesten Jägermodellen Platz findet.

R4-Einheiten
haben an sich konische Köpfe, doch R4-P17s Kopf wurde bei einem Unfall zerstört. Anakin Skywalker reparierte ihn mit einem kuppelförmigen R2-Kopf.

R5-D4
DEFEKTER ASTROMECHDROIDE

R5-D4, AUCH BEKANNT als „Roter", ist ein weiß-roter Astromechdroide, den die Jawas auf Tatooine an Owen Lars verkauften. Doch nach Abschluss des Handels explodierte sofort sein Motivator und Owen gab ihn zurück. So konnte C-3PO vorschlagen, dass er stattdessen R2-D2 nehmen solle.

R5-D4 wird später ein Informationssammeldroide der Rebellenallianz.

DATENBANK
ZUGEHÖRIGKEIT: Droiden
TYP: Astromechdroide
HERSTELLER: Industrie-Automaton
GRÖSSE: 0,97 m
AUFTRETEN: II, IV
SIEHE AUCH: R2-D2, Owen Lars, Jawa

Fotorezeptor

Sabotage
Owen und Luke ahnen nicht, dass R2-D2 R5-D4 im Jawa-Sandkriecher sabotiert hat. Normalerweise verbietet es seine Programmierung, andere Droiden zu manipulieren, doch Leia weist R2 an, seine Mission unter allen Umständen zu erfüllen.

Systemverbindungs- und Reparaturarme (unter Klappen)

Droiden der R5-Serie wurden als Billigvarianten der überlegenen R2-Einheiten entworfen. Sie neigen zu Defekten und schlechtem Benehmen.

Ladekupplung

Dritter Fuß für Balance auf unebenem Terrain

RANCOR
JABBAS GEFRÄSSIGES HAUSTIER

DIE FURCHTERREGENDEN Rancor-Monster sind mehr als fünf Meter groß, haben dicke Haut und enorme Kräfte. Eins dieser Wesen lebt unter dem Thronsaal von Jabba dem Hutt. Der schleimige, verdorbene Gangster genießt nichts mehr, als zuzusehen, wie der Rancor die bedauernswerten Opfer verspeist, die er in die Grube befördert.

Luke Skywalker macht sich bereit, in Jabbas Rancor-Grube um sein Leben zu kämpfen.

DATENBANK

HEIMATWELT: Dathomir
GRÖSSE: 5–19 m
ERNÄHRUNG: Fleischfresser
AUFTRETEN: VI
SIEHE AUCH: Jabba der Hutt, Bib Fortuna, Malakili

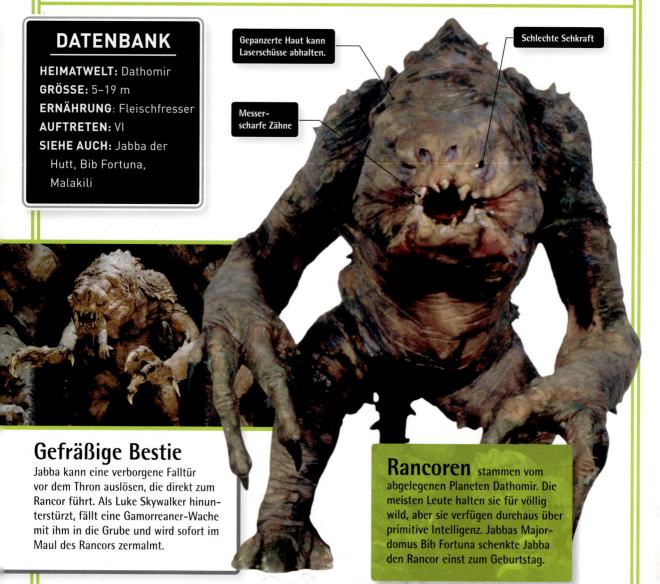

Gepanzerte Haut kann Laserschüsse abhalten.

Schlechte Sehkraft

Messerscharfe Zähne

Gefräßige Bestie

Jabba kann eine verborgene Falltür vor dem Thron auslösen, die direkt zum Rancor führt. Als Luke Skywalker hinunterstürzt, fällt eine Gamorreaner-Wache mit ihm in die Grube und wird sofort im Maul des Rancors zermalmt.

Rancoren stammen vom abgelegenen Planeten Dathomir. Die meisten Leute halten sie für völlig wild, aber sie verfügen durchaus über primitive Intelligenz. Jabbas Majordomus Bib Fortuna schenkte Jabba den Rancor einst zum Geburtstag.

RAPPERTUNIE
MITGLIED DER MAX-REBO-BAND

RAPPERTUNIE SPIELT in der Max-Rebo-Band die Kombinationsflöte bzw. Growdi-Harmonika. Er reist gerne und nutzte sein Musiktalent, um den Trip durch die Galaxis zu finanzieren. Dummerweise muss er nun den Rest seines Lebens in Jabbas Palast spielen, und das trockene Klima Tatooines bekommt seiner feuchten Haut gar nicht.

Rappertunie spielt im hinteren Teil der Bühne und plant im Geheimen seine Flucht.

Rappertunie ist der Bühnenname von Rapotwanalantonee Tivtotolon. Er ist ein Shawda Ubb, eine kleinwüchsige, amphibische Spezies mit langen Fingern, und wurde auf dem Sumpfplanet Manpha im Äußeren Rand geboren.

Von Natur aus feuchte Haut

Growdi

Dreifingrige Hand ist an amphibisches Leben angepasst.

Verteidigung

In Jabbas Palast kann Rappertunie den ganzen Tag reglos auf dem Growdi-Sitz kauern und versuchen, seine von Natur aus feuchte Haut zu kühlen. Da er so klein ist, hat Rappertunie gelernt, ein betäubendes Gift auf jeden zu spucken, der ihn bedroht.

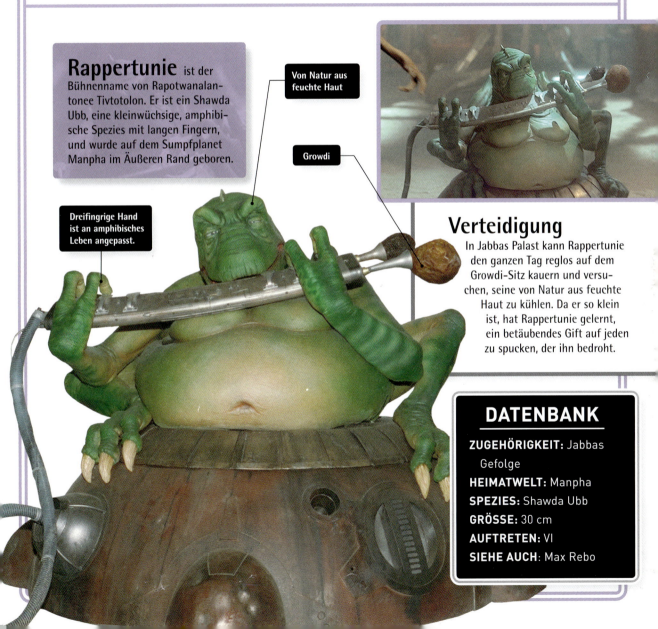

DATENBANK

ZUGEHÖRIGKEIT: Jabbas Gefolge
HEIMATWELT: Manpha
SPEZIES: Shawda Ubb
GRÖSSE: 30 cm
AUFTRETEN: VI
SIEHE AUCH: Max Rebo

REBELLENSOLDAT
BODENTRUPPEN DER REBELLENALLIANZ

REBELLENSOLDATEN sind die Haupttruppen der Allianz zur Wiederherstellung der Republik. Diese mutigen Kämpfer sind in Sektorstreitkräften organisiert, die in ihren Heimatsektoren für den Widerstand gegen das Imperium verantwortlich sind.

Flotteninfanteristen auf der *Tantive IV* tragen blaue Hemden, schwarze Kampfwesten und graue Hosen.

Leichter Kampfhelm

Rebellentruppen
tragen einheitliche Uniformen, wo immer die Ressourcen der Allianz es zulassen. Die Wildniskämpfer-Spezialeinheit – Soldaten der Spezialeinsatzkräfte der Allianz für besondere Aufgaben – tragen bei der Schlacht von Endor volle Tarnkleidung.

Cargohose mit Tarnmuster

Strapazierfähige Handschuhe

Kommandotrupps
Die Wildniskämpfer-Spezialeinheit der Allianz infiltriert eine imperiale Basis auf Endor. Unter dem Kommando von General Solo locken sie die imperialen Soldaten aus dem Innern der Basis ins Freie, wo die Feinde in der Unterzahl sind und sich ergeben müssen.

Robuste Stiefel

DATENBANK
ZUGEHÖRIGKEIT: Rebellenallianz
SPEZIES: Mensch
STANDARDAUSRÜSTUNG: Blasterpistole
AUFTRETEN: IV, V, VI
SIEHE AUCH: General Madine

REEK
GEONOSIANISCHE ARENABESTIE

REEKS SIND EINE WILDE SPEZIES, die für Hinrichtungen bei den blutigen Arenaspektakeln auf Geonosis und für den Sport gezüchtet werden. Im Kampf gegen diese mächtige Bestie setzt Anakin Skywalker seine Machtkräfte ein, um auf dem Reek reiten zu können, anstatt sich von ihm umbringen zu lassen.

Anakin bringt den Arena-Reek, den Jango Fett später tötet, unter seine Kontrolle.

DATENBANK

HEIMATWELT: Ylesia
GRÖSSE: 2,24 m
ERNÄHRUNG: Allesfresser
LEBENSRAUM: Grasland
AUFTRETEN: II, CW
SIEHE AUCH: Nexu, Acklay

Durch unnatürliche Fleischnahrung hervorgerufene rote Färbung

Reeks stammen vom Codianmond und sind von Natur aus Pflanzenfresser. Sie werden grausam so lange ausgehungert, bis sie zur Unterhaltung der Arenazuschauer Fleisch fressen.

Kampf

Reeks sind träge und schwer. Dessen ungeachtet sind sie gefährliche Kämpfer mit mächtigen Kiefern und Hörnern, die Gegner aufspießen können. In der Wildnis werden diese Hörner zum Kampf gegen andere Reeks eingesetzt.

Hornzähne wachsen ständig weiter.

Breitbeinige Haltung macht Reeks relativ schwerfällig.

Wangenhörner für Kopfstöße bei Rangkämpfen

RUNE HAAKO

CHEFATTACHÉ DER HANDELSFÖDERATION

RUNE HAAKO IST EIN GEMEINER, gieriger Neimoidianer, der Vizekönig Nute Gunray von der Handelsföderation mit diplomatischem und rechtlichem Rat zur Seite steht. Er und Gunray stecken hinter der Invasion auf Naboo.

Darth Sidious erteilt Haako und Gunray per Holoprojektor den Befehl, auf Naboo einzumarschieren.

Fleckige Haut durch maßlose Lebensweise

Anwaltshaube

Stets finsterer Blick

Haako ist nervös und pessimistisch. Oft warnt er Nute Gunray vor den Gefahren ihres Bündnisses mit Darth Sidious. Als sich Ärger zusammenbraut, will Haako instinktiv entweder Droidekas herbeirufen oder fliehen.

Lange, gierige Finger

Prächtige Robe

Feigling

Rune Haako wohnt auf Geonosis dem Ausbruch der Klonkriege bei und hilft von sicheren Verstecken aus, die Kämpfe der Separatisten zu lenken. Er und Nute Gunray ziehen sich mit den anderen Anführern der Separatisten auf den kaum bekannten Planet Mustafar im Äußeren Rand zurück. Dort findet Rune sein Ende, als Darth Vader mit dem Befehl eintrifft, sie alle zu töten. Haakos letzte Worte sind ein Betteln um sein Leben.

Teurer Stoff

DATENBANK

ZUGEHÖRIGKEIT:
Separatisten
HEIMATWELT: Neimoidia
SPEZIES: Neimoidianer
GRÖSSE: 1,96 m
AUFTRETEN: I, II, III
SIEHE AUCH: Nute Gunray, Palpatine

RYSTÁLL
SÄNGERIN IN DER MAX-REBO-BAND

RYSTÁLL SANTS ADOPTIVELTERN sind ortolanische Musiker von Coruscant. Sie sorgen dafür, dass ihre schillernde Tochter als Sängerin und Tänzerin in Max Rebos Band auftreten darf, wo sie alle Blicke auf sich zieht.

Rystáll und Greeata sind schockiert von dem, was sie in Jabbas Palast mitansehen müssen.

Vorstechende Hörner sind Zeichen großer Schönheit.

DATENBANK

ZUGEHÖRIGKEIT: Jabbas Gefolge
HEIMATWELT: Coruscant
SPEZIES: Halb Theelin, halb Mensch
GRÖSSE: 1,70 m
AUFTRETEN: III, VI
SIEHE AUCH: Greeata, Lyn Me

Natürliche, durch Bühnenschminke hervorgehobene Hautflecken

Umhang ist Geschenk des einstigen Verehrers Syrh Rhoams.

Hauptattraktion

Die schillernde Rystáll Sant hat stets die Aufmerksamkeit vieler Personen erregt, einschließlich die eines hochrangigen Mitglieds des Verbrechersyndikats Schwarze Sonne, wodurch sie in Sklaverei geriet. Später wurde sie von Lando Calrissian befreit. In Jabbas Palast weckt sie das Interesse von Boba Fett.

Rystáll ist teils Mensch, teils Theelin. Die Theelin sind eine seltene Spezies mit Kopfhörnern, grellem Haar und fleckiger Haut. Rystáll hat zudem Hufe. Viele Theelin haben künstlerisches Talent und werden Künstler oder Entertainer.

Graziler Körper einer Tänzerin

Hufe

157

SABÉ
KÖNIGLICHE ZOFE VON NABOO

SABÉ IST DIE WICHTIGSTE Zofe in Königin Amidalas Gefolge, denn in Zeiten der Gefahr ist sie die Erste, die als königliche Doppelgängerin eingesetzt wird. Sabé kleidet sich wie die Königin und verbirgt ihr Gesicht unter weißer Schminke.

Sabé führt die Delegation an, die die Gungans bittet, den Naboo im Kampf um den Planeten beizustehen.

- Mal der Erinnerung
- Waffenrock
- Königliche Frisur
- Breites Taillenband
- Langes Kampfkleid aus blastersicherem Stoff

Königin Amidalas
Zofen unterstützen sie bei vielen wichtigen Aufgaben, um das königliche Bild zu wahren. Diese fähigen Helferinnen wurden zudem als Leibwächterinnen ausgebildet und haben Pistolen, um ihre Herrscherin im Notfall beschützen zu können.

Im Dienste der Königin
Während Sabé als Königin verkleidet ist, hüllt sich Padmé Amidala ins schlichte Gewand einer Zofe. Sie verständigen sich mit unauffälligen Gesten. Sabé ist darin geschult, die Königin in jeder Hinsicht zu imitieren, doch das ist nicht ungefährlich.

DATENBANK
ZUGEHÖRIGKEIT: Republik
HEIMATWELT: Naboo
SPEZIES: Mensch
GRÖSSE: 1,65 m
AUFTRETEN: I
SIEHE AUCH: Padmé Amidala

SAELT-MARAE
YARKORA-INFORMANT

SAELT-MARAE, AUCH bekannt als Yakfratze, ist eine der zwielichtigen Personen, die sich in Jabbas Palast herumtreiben. Er ist zugleich Informant des Imperiums und der Rebellen. Sein größtes Talent besteht darin, anderen Geheimnisse zu entlocken, ohne dass sie es merken.

Saelt-Marae ist ein Yarkora – eine geheimnisvolle, langlebige Spezies vom Äußeren Rand.

DATENBANK

ZUGEHÖRIGKEIT: Jabbas Gefolge
HEIMATWELT: unbekannt
SPEZIES: Yarkora
GRÖSSE: 2,20 m
AUFTRETEN: VI
SIEHE AUCH: Jabba der Hutt

Große Ohren, um Geheimnisse zu belauschen

Hochsensible Schnurrhaare

Dreifingrige Hand

Informant

In Jabbas Palast gibt sich Saelt-Marae als Händler aus. Er schwatzt mit allen und freundet sich mit ihnen an. Dabei erfährt er beiläufig all ihre Geheimnisse und gibt sie an Jabba weiter. Als dieser bei der Grube des Sarlacc stirbt, stiehlt er seine Finanzunterlagen und taucht unter.

Jabba der Hutt bezahlt Saelt-Marae dafür, dass er ihn über alle wichtigen Vorgänge in seinem Palast informiert. So erfährt Jabba von Machenschaften und Intrigen, die um ihn herum gesponnen werden.

SAESEE TIIN

IKTOTCHI-JEDI-MEISTER

JEDI-MEISTER SAESEE TIIN sitzt im Jedi-Tempel auf Coruscant im Hohen Rat. Seine großen Talente liegen im Fliegen der besten Raumschiffe bei hoher Geschwindigkeit. Dabei kann sich der Telepath besonders gut konzentrieren.

Tiin ist einer der Jedi, die den als Darth Sidious enttarnten Palpatine stellen.

DATENBANK

ZUGEHÖRIGKEIT: Jedi
HEIMATWELT: Iktotch
SPEZIES: Iktotchi
GRÖSSE: 1,88 m
AUFTRETEN: I, II, III
SIEHE AUCH: Mace Windu

Stark ausgeprägte Hörner

Zähe Haut schützt gegen die starken Winde von Iktotchon.

Lichtschwert

Übliche Jedi-Robe für Humanoide

Jedi-Kämpfer

Saesee kämpft in der Schlacht von Geonosis. Mit einem Kanonenboot greift er die Droiden auf den Ebenen an. Im späteren Verlauf der Schlacht eilt Tiin Jedi-Meisterin Adi Gallia beim Kampf über Geonosis zu Hilfe. Tiin wird in den Klonkriegen zum General und führt Sternenjägerstaffeln an.

Saesee Tiin wurde auf Iktotch, dem Mond von Iktotchon, geboren. Bereits in sehr jungem Alter flog er Sternenjäger und viel bald den Jedi-Anwerbern auf. Tiin lernte unter Meister Omo Bouri, der allein durch Energieimpulse kommunizierte. Nach Bouris Tod wurde Tiin sehr in sich gekehrt und spricht nur selten.

SALACIOUS CRUMB
KOWAKIANISCHER ECHSENAFFE

SALACIOUS CRUMB IST der Hofnarr von Jabba dem Hutt. Einst wollte der kowakianische Echsenaffe ihm Essen stehlen, worauf Jabba ihn zu fressen versuchte. Crumb entkam zwar, doch Bib Fortuna fing ihn ein.

Crumb irritiert oft die Gäste, indem er alles wiederholt, was Jabba sagt.

- Hochsensible Ohren
- Reptilienhafter Schnabel
- Zerzauster Fellkragen
- Dürrer Arm
- Scharfe Krallen

Salacious Crumb

lungerte auf einer Raumstation herum, bis es ihm gelang, sich an Bord von einem von Jabbas Raumschiffen zu stehlen. So kam er nach Tatooine. Heute sitzt Crumb neben Jabba dem Hutt und zieht ausnahmslos alle Palastbewohner auf.

Im Scherz

Salacious Crumb weiß, dass er Jabba einmal am Tag zum Lachen bringen muss, da er sonst getötet wird. Er macht sich über jeden lustig, vor allem über Jabbas neuen Übersetzerdroiden C-3PO, der dank der gehässigen kleinen Kreatur ein Auge verliert.

DATENBANK

ZUGEHÖRIGKEIT: Jabbas Gefolge
HEIMATWELT: Kowak
SPEZIES: Kowakianischer Echsenaffe
GRÖSSE: 0,70 m
AUFTRETEN: VI
SIEHE AUCH: Jabba der Hutt

SAN HILL
VORSITZENDER DES INTERGALAKTISCHEN BANKENCLANS

SAN HILL IST VORSITZENDER des InterGalaktischen Bankenclans, einem der mächtigen Unternehmen, die Count Dookus Separatistenbewegung finanzieren. San ist verantwortlich dafür, dass General Grievous als Cyborg wiedergeboren wurde.

San Hill ist der zweitgrößte Truppenlieferant der Droidenarmee.

Muuns haben drei Herzen für ein langes Leben.

Traditionelle Bankiersjacke

San Hill ist ein großer, dürrer Muun von der Bankenwelt Muunilinst. San sieht in jeder Situation nur die finanziellen Aspekte und rechnet sich in einem fort aus, welche Profite er machen kann.

Eng anliegender, aus Furcht vor Keimen anderer Spezies getragener Anzug

Lange Finger zum Zählen der Profite

Schuld

San Hill wandte sich an Grievous, einen Kriegsherr der Kaleesh, um ihn als Kommandant zu gewinnen. Damit er loyal bleibt, platzierte San eine Bombe in dessen Schiff. Grievous wurde beim Anschlag fast getötet und schuldet Hill nun – von ihm als Cyborg wiederhergestellt – sein Leben.

Größe verschafft Gefühl der Überlegenheit.

DATENBANK

ZUGEHÖRIGKEIT: Separatisten
HEIMATWELT: Muunilinst
SPEZIES: Muun
GRÖSSE: 1,91 m
AUFTRETEN: II, III
SIEHE AUCH: Count Dooku, General Grievous

SANDO-AQUAMONSTER
SEEUNGEHEUER VON NABOO

DAS SAGENUMWOBENE Sando-Aquamonster wird trotz seiner gewaltigen Größe nur selten in Naboos Meeren und Seen gesichtet. Es benutzt seinen mächtigen Schwanz und die riesigen Flossen zum Schwimmen, mit den scharfe Klauen packt es seine Opfer. Männliche Sando-Aquamonster können bis zu zweihundert Meter lang werden.

Die Bewohner Naboos erzählen viele Legenden über das gefürchtete Sando-Aquamonster.

DATENBANK
HEIMATWELT: Naboo
LÄNGE: 200 m
ERNÄHRUNG: Fleischfresser
LEBENSRAUM: Ozeane, Seen
AUFTRETEN: I
SIEHE AUCH: Opee-Killerfisch

Muskulöser Körper

Schwimmflossen

Klauen mit Schwimmhäuten zum Ergreifen der Beute

Scharfe Zähne

Seeungeheuer
Als Qui-Gon Jinn, Obi-Wan Kenobi und Jar Jar Binks im Gungan-Bongo die unterirdischen Gewässer durchstreifen, taucht plötzlich ein Sando-Aquamonster auf. Sie entkommen, da der Opee-Killerfisch, der ihnen folgt, das Monster ablenkt.

Über Lebensraum und Evolution der Sando-Aquamonster ist nur wenig bekannt. Man nimmt an, dass sie einst an Land lebten. Einige Einwohner Naboos behaupten sogar, sie hätten die Monster aus dem Wasser steigen und Landtiere angreifen sehen.

SANDTRUPPLER
STURMTRUPPEN FÜR DEN WÜSTENEINSATZ

SANDTRUPPEN SIND SPEZIALISIERTE imperiale Sturmtruppen für Wüstengegenden. Ihre Ausrüstung wurde für den Einsatz in heißem, trockenem Klima entwickelt. Die Rüstung verfügt über Kühlsysteme und die Helme haben eingebaute polarisierende Gläser zum Schutz vor gleißender Sonne.

Sandtruppler suchen auf Tatooine nach zwei Droiden mit gestohlenen Todessternplänen.

- Blendschutzgläser
- Rang anzeigende Schulterplatte
- Komlinksystem
- Mehrzweckgürtel

Sandtruppen
patrouillieren auf rauen Planeten wie Tatooine. Sie haben Blastergewehre, Langstrecken-Komlinks und Vorräte. Dank ihrer Ausbildung können sie sich an örtliche Gebräuche anpassen, etwa, indem sie auf einheimischen Taurücken reiten.

Dienstgrade
Sandtruppler tragen Schulterplatten, die ihren Rang verraten. Die der normalen Sandtruppler sind schwarz, die von Sergeants weiß, und Gruppenführer, die Einheiten von sieben Soldaten leiten, tragen Orange.

DATENBANK
ZUGEHÖRIGKEIT: Imperium
SPEZIES: Mensch
GRÖSSE: 1,83 m
STANDARDAUSRÜSTUNG: Blasterpistole, Blastergewehr, Repetierblaster
AUFTRETEN: IV
SIEHE AUCH: Sturmtruppler

SARLACC
TÖDLICHE, IM SAND HAUSENDE LEBENSFORM

ZUM GLÜCK GIBT ES nur wenige Sarlaccs in der Galaxis, denn diese monströsen Lebensformen sind äußerst unangenehme Zeitgenossen. Sie verstecken sich unter dem Wüstensand, ihre Mäuler dicht unter der Oberfläche. Unvorsichtige Geschöpfe rutschen nur zu leicht in den lauernden Schlund der schrecklichen Kreatur.

Die Schnabelzunge, die aus dem zähnestarrenden Maul schießt, kann Beute am Stück verschlingen.

DATENBANK
HEIMATWELT: Tatooine
BREITE: 3 m
ERNÄHRUNG: Allesfresser
LEBENSRAUM: Wüste
AUFTRETEN: VI
SIEHE AUCH: Boba Fett

Nach innen gerichtete Zähne hindern Opfer an der Flucht.

Berührungsempfindliche Tentakel

Gefangene Beute
Jabba will sehen, wie der Sarlacc sich an Luke Skywalker und seinen Freunden labt. Die Kreatur verspeist an jenem Tag auch viele Opfer, doch den Rebellen gelingt es, dem Schlund der Bestie zu entgehen. Boba Fett wird verschlungen, kann sich später aber aus dem Magen des Sarlacc freischießen.

Der monströse Sarlacc, der im Becken der Großen Grube von Carkoon im Nördlichen Dünenmeer auf Tatooine lebt, ist Jabbas liebstes Mittel, um sich der Personen zu entledigen, die ihn besonders verärgert haben.

SCOUTTRUPPLER
SPEZIALISIERTE STURMTRUPPEN

IMPERIALE SCOUTTRUPPEN sind für lange Missionen ausgebildet. Bloß Kopf und Oberkörper sind durch eine Rüstung geschützt, damit sie sich freier bewegen können. Ihre Helme haben starke Makrofernglasvisiere zur genauen Zielidentifikation.

Die Republik setzt Scouttruppen erstmals in Schlachten der Klonkriege wie der auf Kashyyyk ein.

DATENBANK
ZUGEHÖRIGKEIT: Imperium
SPEZIES: Mensch
STANDARDAUSRÜSTUNG: Blasterpistole, Granaten, Überlebensausrüstung
AUFTRETEN: VI
SIEHE AUCH: Sturmtruppler, Sandtruppler

Überlebensrationen

Unteranzug

Auf Patrouille
Scouttruppler patrouillieren auf Düsenschlitten in den dichten Wäldern von Endor, wo sich ein wichtiger Schildgenerator des Imperiums befindet. In Gruppen von zwei bis vier Mann halten sie nach lästigen Waldbewohnern und Eindringlingen Ausschau.

Scouttruppen werden als Kundschafter und zum Ausspähen feindlicher Stellungen eingesetzt sowie auch zur Infiltration und für Sabotagemissionen. Nur selten nehmen sie an Kampfhandlungen teil. Sobald Ärger droht, rufen sie die Sturmtruppen.

Pistolenhalfter

166

SEBULBA
BERÜHMTER PODRENNFAHRER

SEBULBA GEHÖRT zu den besten Podrennpiloten auf den Strecken des Äußeren Rands. Er ist ein geschickter Fahrer, aber auch zu schmutzigen Tricks bereit. Als Anakin Skywalker am Rennen teilnimmt, setzt Sebulba alles daran, dass der junge Mensch nicht gewinnt.

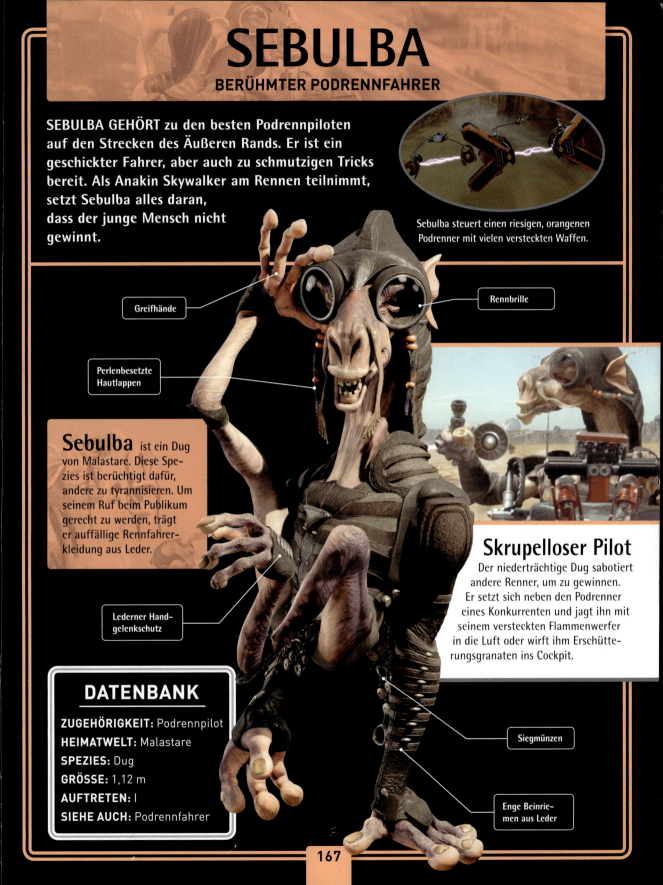

Sebulba steuert einen riesigen, orangenen Podrenner mit vielen versteckten Waffen.

- Greifhände
- Rennbrille
- Perlenbesetzte Hautlappen
- Lederner Handgelenkschutz
- Siegmünzen
- Enge Beinriemen aus Leder

Sebulba ist ein Dug von Malastare. Diese Spezies ist berüchtigt dafür, andere zu tyrannisieren. Um seinem Ruf beim Publikum gerecht zu werden, trägt er auffällige Rennfahrerkleidung aus Leder.

Skrupelloser Pilot
Der niederträchtige Dug sabotiert andere Renner, um zu gewinnen. Er setzt sich neben den Podrenner eines Konkurrenten und jagt ihn mit seinem versteckten Flammenwerfer in die Luft oder wirft ihm Erschütterungsgranaten ins Cockpit.

DATENBANK
ZUGEHÖRIGKEIT: Podrennpilot
HEIMATWELT: Malastare
SPEZIES: Dug
GRÖSSE: 1,12 m
AUFTRETEN: I
SIEHE AUCH: Podrennfahrer

SICHERHEITSDROIDE
BEWAFFNETE KAMPFDROIDEN

SICHERHEITSDROIDEN MIT roten Markierungen sind auf die Verteidigung von Raumschiffen, Raumstationen und Gebäuden programmiert. Sie agieren in Gruppen unter Führung eines Droidenkommandanten (mit gelber Markierung) wie OOM-9.

Diese Sicherheitsdroiden an Bord der *Unsichtbaren Hand* sind bald nur noch Schrott.

- Optiksensor
- Droidenspezifische Markierung
- Armverlängerungskolben
- Drehmomentstarke Motoren
- E-5-Blastergewehr

Sicherheitsdroiden verwenden E-5-Standardblastergewehre. Ihre Programmierung ist aber nur unwesentlich komplexer als die normaler Kampfdroiden, weshalb sie ihr Ziel oft verfehlen.

Droidenangriff

Sicherheitsdroiden patrouillieren auf vielen Schiffen der Handelsföderation. Zu Beginn der Blockade von Naboo gehen die Jedi Qui-Gon Jinn und Obi-Wan Kenobi für Verhandlungen an Bord des Flaggschiffs, müssen sich aber gegen Sicherheitsdroiden zur Wehr setzen. In den Klonkriegen sehen sich Anakin und Obi-Wan zahlreichen Sicherheitsdroiden gegenüber, als sie Kanzler Palpatine von Grievous' Flaggschiff, der *Unsichtbaren Hand*, retten.

DATENBANK

ZUGEHÖRIGKEIT: Separatisten
TYP: Kampfdroide
HERSTELLER: Baktoid Rüstungswerke
GRÖSSE: 1,91 m
AUFTRETEN: I, II, III, CW
SIEHE AUCH: Kampfdroide, OOM-9

SEI TARIA
KANZLER VALORUMS BERATERIN

SEI TARIA IST Kanzler Valorums Regierungsassistentin. Sie hilft ihm beim Plan, abgelegene Regionen der Galaxis zu besteuern. Dies führt zur Blockade um Naboo durch die Handelsföderation – und am Ende zu den Klonkriegen.

Sei Taria steht neben Kanzler Valorum, als Königin Amidala einen Misstrauensantrag stellt.

Hoher Coruscanti-Kragen

Sei Taria steht dem Obersten Kanzler Valorum nahe und begleitet ihn bei vielen diplomatischen Missionen. Es gibt sogar Gerüchte über eine Affäre. Doch sie sucht auch Senator Palpatines Nähe, als sie spürt, wie seine Macht wächst.

Robe aus Septseide als Zeichen von Wohlstand

DATENBANK
ZUGEHÖRIGKEIT: Republik
HEIMATWELT: Spira
SPEZIES: Mensch
GRÖSSE: 1,78 m
AUFTRETEN: I
SIEHE AUCH: Kanzler Valorum, Sly Moore

Rücktritt
Königin Amidalas Misstrauensantrag enthebt Valorum des Amtes und läutet Palpatines Zeit als Oberster Kanzler ein. Als Valorum geht, zieht sich auch Sei Taria aus der Politik zurück. Gerüchteweise ist eine Erpressung durch Palpatines neue Assistentin Sly Moore der Grund.

SHAAK TI
TOGRUTA-JEDI-MEISTERIN

JEDI-MEISTERIN SHAAK TI wurde in den Klonkriegen Mitglied des Hohen Rats und eine erfolgreiche Generalin. Ti entgeht Darth Vaders Massaker im Jedi-Tempel und unterstützt den Widerstand gegen das Imperium, bis Darth Vaders Schüler Starkiller sie schließlich besiegt.

Shaak Ti ist von derselben Spezies wie Anakin Skywalkers Schülerin Ahsoka Tano.

Typische Pigmentierung der Togruta-Spezies

Hohle Montrale erfassen Räumlichkeit.

Zweihändiger Griff für Kontrolle

Jedi-Robe

DATENBANK
ZUGEHÖRIGKEIT: Jedi
HEIMATPLANET: Shili
SPEZIES: Togruta
GRÖSSE: 1,78 m
AUFTRETEN: II, III, CW
SIEHE AUCH: Luminara Unduli

Meisterhafte Jedi
Ti kämpft mit den anderen 200 Jedi-Rittern, die Anakin Skywalker, Obi-Wan Kenobi und Padmé Amidala auf Geonosis zur Hilfe eilen. Nach der Schlacht in der Arena lässt sie sich mit einem Kanonenboot zur Frontlinie gegen die versammelte Droidenarmee bringen.

Die Togruta ist eine der besten Gruppenkämpferinnen der Jedi. Ihre Montrale erfassen durch Ultraschall die Umgebung und schärfen so die räumliche Wahrnehmung. Auch Probleme mit komplexen Bewegungen sind der herumwirbelnden Ti fremd.

SHMI SKYWALKER
ANAKIN SKYWALKERS MUTTER

SHMI SKYWALKER FRISTETE das harte Dasein einer Sklavin, seit sie ein Mädchen war und Piraten ihre Eltern gefangen nahmen. Auf Tatooine gehörte sie dem Schrotthändler Watto und brachte Anakin zur Welt, der auch als Sklave arbeitete.

Shmi will nicht, dass ihre Liebe zu Anakin ihn von seinem Schicksal abhält – ein Jedi zu werden.

Schlichte Frisur, typisch für Diener

DATENBANK

ZUGEHÖRIGKEIT: Republik
HEIMATWELT: Tatooine
SPEZIES: Mensch
GRÖSSE: 1,63 m
AUFTRETEN: I, II
SIEHE AUCH: Cliegg Lars, Anakin Skywalker, Watto

Schmuckgürtel

Trotz ihrer Armut
versucht Shmi, Anakin ein gutes Heim in den Sklavenquartieren von Mos Espa zu bieten. Es ist für sie schwer zu ertragen, dass Anakin sie verlässt, doch als der Farmer Cliegg Lars sie befreit und heiratet, wird ihr Leben glücklicher.

Tragischer Verlust
Als Anakin Skywalker spürt, dass seine Mutter schreckliche Qualen leidet, reist er eilends nach Tatooine. Doch er kann ihren Tod durch die Hand der Sandleute nicht verhindern. Er empfindet große Wut und Trauer und schwört, so mächtig zu werden, dass ihn nichts mehr aufhalten kann.

Schlichter Rock

Grob gewebte Tunika hält dem rauen Klima Tatooines stand.

STOSSTRUPPLER
MITGLIEDER DER CORUSCANT-WACHEN

ALS DIE REPUBLIK SICH für den Krieg rüstet, patrouillieren Stoßtruppen mit roter Rüstung auf den Plätzen Coruscants, um die öffentliche Ordnung aufrechtzuerhalten. Sie dienen auch als Leibwächter für Politiker wie den Obersten Kanzler Palpatine.

In den letzten Tagen der Republik beginnen die Leute, die Stoßtruppen Sturmtruppen zu nennen.

- Verbesserter Atemfilter und Signalgeber
- Coruscant-Kennung
- Stoßfeste Plastoidrüstung
- DC-15-Gewehr
- Schaft enthält Energieladungsmagazin

Stoßtruppen sind Teil der Coruscant-Wachen. Palpatine rief diese Einheit ins Leben, um die Sicherheitskräfte von Coruscant und die Senatsgarde zu verstärken. Stoßtruppler halten vor Regierungsgebäuden und bei Landeplattformen Wache.

Palpatines Leibgarde

Nach dem gescheiterten Versuch der Jedi, Palpatine gefangen zu nehmen, begleiten Stoßtruppler ihn in den Senat. Nach dem Kampf zwischen Yoda und Palpatine suchen sie vergebens nach Yodas Leiche und begleiten Palpatine nach Mustafar, wo sie den verbrannten Darth Vader finden.

DATENBANK

ZUGEHÖRIGKEIT: Republik/Imperium
HEIMATWELT: Kamino
SPEZIES: Mensch
GRÖSSE: 1,83 m
AUFTRETEN: II, III, CW
SIEHE AUCH: Sturmtruppler

SHU MAI
PRÄSIDENTIN DER HANDELSGILDE

SHU MAI IST PRÄSIDENTIN der mächtigen Handelsgilde, deren Truppen während der Klonkriege gegen die Republik kämpfen. Mai ist Mitglied im Separatisten-Rat, genau wie Nute Gunray, Wat Tambor, San Hill und andere. Sie ist besessen von Status und Macht.

Shu Mai erwartet auf dem Vulkanplaneten Mustafar mit dem Rest der Separatistenanführer ihr Schicksal.

DATENBANK

ZUGEHÖRIGKEIT: Separatisten
HEIMATWELT: Castell
SPEZIES: Gossam
GRÖSSE: 1,65 m
AUFTRETEN: II, III
SIEHE AUCH: Nute Gunray, Wat Tambor, San Hill, Count Dooku

- Halsringe
- Verziertes Schmuckwappen
- Prächtiger Rock aus seltener Urisseide
- Gossam haben dreizehige Füße.

Shu Mai ist eine Gossam vom Planeten Castell. Für sie zählen nur Status, Macht und Reichtum. Mai arbeitete sich in der Handelsgilde mit skrupellosen Methoden nach oben, bis keine Konkurrenten mehr zwischen ihr und der Präsidentschaft standen.

Hinterlistige Methoden

Shu Mai ist die einzige Anführerin der Separatisten, die Dooku nur im Geheimen ihre Unterstützung zugesichert hat, weil sie weiß, dass dies Hochverrat gleichkommt. Trotzdem kämpfen Shu Mais Spürspinnendroiden auf den Schlachtfeldern der Klonkriege.

SIO BIBBLE
GOUVERNEUR VON NABOO

SIO BIBBLE IST BEI der Invasion durch die Handelsföderation Gouverneur von Naboo. Er kümmert sich um alles, was Königin Amidala vorgetragen wird, und führt den Vorsitz des Beirates, dem Regierungsorgan von Naboo. Sio verabscheut Gewalt.

Bibble weigert sich, Captain Panakas Drängen nach Aufrüstung zu akzeptieren.

Formeller Kragen

Ärmel und Manschetten nach Naboo-Mode

DATENBANK

ZUGEHÖRIGKEIT: Republik
HEIMATWELT: Naboo
SPEZIES: Mensch
GRÖSSE: 1,70 m
AUFTRETEN: I, II, III
SIEHE AUCH: Captain Panaka, Nute Gunray, Padmé Amidala

Philosophentracht

Unter Arrest

Während der Invasion von Naboo nehmen Kampfdroiden Sio Bibble und Königin Amidala gefangen. Als zwei Jedi sie retten, beschließt der Gouverneur, bei seinem Volk zu bleiben. Bibble animiert es zum Hungerstreik und zieht so den Zorn von Nute Gunray auf sich.

Bibble ist ein Philosoph, der unter Amidalas Vorgänger König Veruna zum Gouverneur gewählt wurde. Er ist ihr gegenüber eingangs skeptisch, respektiert sie jedoch. Später dient Sio auch unter den Königinnen Jamillia, Neeyutnee und Apailana.

Gouverneursstiefel

SLY MOORE
PALPATINES ASSISTENTIN

SLY MOORE IST Palpatines Assistentin. Sie besitzt große Macht, denn sie entscheidet, wer den Kanzler sprechen darf. Moore ist Umbaranerin. Umbaraner sind dafür bekannt, dass sie andere unterschwellig mit ihrem Geist beeinflussen oder gar kontrollieren.

Sly Moore ist eine der wenigen, die von Palpatines geheimer Identität als Darth Sidious wissen.

Umbaraner verbergen ihre Emotionen.

Augen sehen nur ultraviolettes Licht.

Palpatine
rettete Sly Moore aus einer Gruft, die von Geistern toter Sith-Lords heimgesucht wurde. Sie war dort von einem Zabrak-Attentäter eingesperrt worden. Palpatine half ihr zu genesen, deshalb verbindet beide ein enges Band. Er unterwies Sly sogar in Künsten der Dunklen Seite.

Machtspiele
Während Palpatines Kanzlerschaft hat Sly Moore den Posten inne, den Sei Taria zu Kanzler Valorums Zeit bekleidete. Man munkelt, dass Moore die engagierte Sei Taria durch Erpressung zum Rücktritt bewogen hat.

Umbaranischer Schattenmantel mit ultravioletten Farbmustern

DATENBANK

ZUGEHÖRIGKEIT: Republik/Imperium
HEIMATWELT: Umbara
SPEZIES: Umbaranerin
GRÖSSE: 1,78 m
AUFTRETEN: II, III
SIEHE AUCH: Palpatine, Sei Taria, Kanzler Valorum

SCHNEETRUPPLER
STURMTRUPPEN FÜR EXTREMES KLIMA

IMPERIALE SCHNEETRUPPLER sind spezialisierte Sturmtruppen, die in verschneiten, eisigen Gegenden unabhängige mobile Kampfeinheiten bilden. Ihre Tornister und Anzugsysteme halten den Körper warm, die Gesichtsmasken sind mit Atemwärmern ausgestattet.

Schneetruppler setzen in verschneitem Terrain tödliche E-Netz-Repetierblasterkanonen ein.

Polarisierende Schneebrille

E-11-Blastergewehr

Das Imperium
empfand die Schneetruppen den spezialisierten Klon-Schneetruppen der Galaktischen Republik nach, die während der Klonkriege auf vereisten Welten wie Orto Plutonia kämpften.

Vorratstasche

Angriff auf Hoth
Bei der Schlacht von Hoth kommen Schneetruppen als Teil von General Veers Blizzard-Einheit zum Einsatz. Sie werden von AT-AT-Läufern unterstützt, besiegen die Rebellentruppen und dringen in die Echo-Basis ein. Diese speziell ausgebildeten Soldaten können in extrem kalter Umgebung zwei Wochen lang allein durch die Energie ihrer Anzugbatterie überleben.

Isolierender Schutzmantel

Robuste Schneestiefel

DATENBANK
ZUGEHÖRIGKEIT: Imperium
SPEZIES: Mensch
GRÖSSE: 1,83 m
STANDARDAUSRÜSTUNG: E-11-Blastergewehr, leichter Repetierblaster, Granaten
AUFTRETEN: V
SIEHE AUCH: Stoßtruppler

WELTRAUMSCHNECKE
GIGANTISCHE, WURMARTIGE KREATUREN

GEWALTIGE EXOGORTHEN, auch bekannt als Weltraumschnecken, überleben im luftleeren Raum des Weltalls. Sie bewohnen die Spalten und Risse von Asteroiden. Ihre wurmartigen, siliziumbasierten Körper sind normalerweise etwa zehn Meter lang, können jedoch auf Längen von bis zu knapp einem Kilometer anwachsen.

Weltraumschnecken verschlucken siliziumreiche Mynocks, die als Parasiten in ihrem Magen leben.

Weltraumschnecken

bewohnen z.B. das Hoth-Asteroidenfeld. Sie können Mineralien aus Asteroiden verdauen und vermehren sich durch Teilung, sobald sie eine bestimmte Größe erreicht haben. Anschließend stößt sich die einsame, exotische Lebensform von der Oberfläche des Asteroiden ab und treibt durchs Weltall, bis sie auf einem anderen Asteroiden landet.

Sinnesorgane

Lebende Beute

Han Solo steuerte den *Millennium Falken* unwissentlich in den Bauch einer Weltraumschnecke, als er nach der Schlacht von Hoth vor der imperialen Flotte floh. Solo, Chewbacca und Leia Organa konnten im Innern nur mit Sauerstoffmasken überleben.

DATENBANK

HEIMATWELT: unbekannt
NORMALE LÄNGE: 10 m
ERNÄHRUNG: Mineralien
LEBENSRAUM: Asteroiden
AUFTRETEN: V
SIEHE AUCH: Han Solo

STASS ALLIE
THOLOTHIANISCHE JEDI-MEISTERIN

DIE THOLOTHIANISCHE Jedi-Meisterin Stass Allie dient der Republik in den Klonkriegen. Als Cousine der hoch angesehenen Jedi Adi Gallia möchte sie ihre eigenen Fähigkeiten unter Beweis stellen. Nach Gallias Tod nimmt Allie ihren Platz im Jedi-Rat ein.

Stass Allie patrouilliert kurz vor der Order 66 mit einem Düsenschlitten auf Saleucami.

- Verbreitetes Lichtschwertdesign
- Tholothianische Frisur

Stass Allie ist eine ausgezeichnete Kämpferin, doch noch beeindruckender ist ihr Talent als Heilerin, das sie auch an andere wie Barriss Offee weitergibt.

- Ausrüstungsgürtel
- Hohe Reisestiefel

Tapfere Kämpferin

Stass Allie kämpft mit Mace Windus Jedi-Eingreifteam auf Geonosis. Sie ist eine der wenigen Überlebenden und kämpft weiter, als das Gefecht außerhalb der Arena eskaliert. Allie und Shaak Ti versuchen später erfolglos, Kanzler Palpatine vor Grievous zu schützen, als der General den Kanzler bei der Schlacht von Coruscant entführt.

DATENBANK
ZUGEHÖRIGKEIT: Jedi
HEIMATPLANET: Tholoth
SPEZIES: Mensch
GRÖSSE: 1,80 m
AUFTRETEN: II, III
SIEHE AUCH: Adi Gallia, Barriss Offee

STURMTRUPPLER

ELITESOLDATEN DES IMPERIUMS

DIE STURMTRUPPLER SIND die effektivsten Truppen des imperialen Militärs und die gefürchtetsten Gegner der Rebellen. Sie sind extrem diszipliniert und dem Imperator gegenüber loyal. Ohne zu zögern führen sie alle Befehle aus.

Diese Heerscharen disziplinierter Sturmtruppler führen ihre Anweisungen bedingungslos aus.

DATENBANK

ZUGEHÖRIGKEIT: Imperium
SPEZIES: Mensch
GRÖSSE: 1,83 m
STANDARDAUSRÜSTUNG:
  E-11-Blastergewehr,
  Thermaldetonator
AUFTRETEN: IV, V, VI
SIEHE AUCH: Schneetruppler

Behälter für Blaster-Energiezellen

Verstärkte Legierungsnaht

Sturmtruppen

sind Klone und menschliche Rekruten, die unter ihrer weißen Rüstung anonym bleiben. Diese Rüstung schützt sie vor unwirtlichen Umgebungen und Blasterschüssen.

Kämpfen, um zu siegen

Sturmtruppen werden dazu ausgebildet, Opfer in den eigenen Reihen zu ignorieren und sie nur vom taktischen Standpunkt aus zu sehen. Sturmtruppler werden niemals durch emotionale Reaktionen abgelenkt.

Knieschutz für Scharfschützenhaltung

Trittfeste Stiefel

SUN FAC
LEUTNANT VON POGGLE DEM GERINGEREN

SUN FAC IST DER OBERSTE Offizier des geonosianischen Erzherzogs Poggle dem Geringeren und setzt dessen Willen überall auf Geonosis durch. Er ist intelligent und geübt darin, verschiedene Rollen zu spielen.

Klonsoldaten töten Sun Fac, als er nach der Schlacht von Geonosis zu fliehen versucht.

Symbole des Adels

DATENBANK
ZUGEHÖRIGKEIT: Separatisten
HEIMATWELT: Geonosis
SPEZIES: Geonosianer
GRÖSSE: 1,71 m
AUFTRETEN: II
SIEHE AUCH: Poggle der Geringere

Bewegliches Gelenk des Exoskeletts

Flügel der Oberkaste

Todesurteil
Sun Fac beschuldigt Anakin Skywalker und Padmé Amidala der Spionage und verurteilt sie zum Tode in der Arena von Geonosis. Er verkündet das Urteil in einem Gerichtssaal voller Senatoren und Anführer der Separatisten, während Skywalker und Amidala ihre Unschuld beteuern.

Sun Fac ist ein Geonosianer der oberen Kaste und hat Flügel und Hauer. Wie die meisten geonosianischen Adeligen findet er nichts dabei, die Geonosianer der unteren Kaste zur Arbeit in großen Fabriken zu zwingen.

Zehenstruktur, mit denen Geonosianer an Felswänden Halt finden

SUPERKAMPFDROIDE
AUFGERÜSTETE KAMPFDROIDEN

NACH DER NIEDERLAGE der Handelsföderation bei Naboo gaben deren Anführer einen verbesserten Kampfdroiden in Auftrag. Die schwerer bewaffneten Superkampfdroiden verstoßen gegen Gesetze der Republik für private Schutztruppen. Doch die Neimoidianer haben so viel Einfluss, dass sie sich darum nicht sorgen.

R2-D2 kämpft gegen Superkampfdroiden, indem er Öl auf sie sprüht und es dann anzündet.

Die Droidenfabriken
auf Geonosis produzieren insgeheim Superkampfdroiden. Das Innenleben entspricht aus Kostengründen dem normaler Kampfdroiden, doch die Außenhülle ist viel robuster.

- Arme stärker als Gliedmaßen von Kampfdroiden
- Monogriffhände sind schwer zu beschädigen.
- Mittelsektion mit flexibler Panzerung
- Überschüssige Hitze wird durch Wadenplatten abgeleitet.
- Fußspitzen können durch Klauen oder Ballen ersetzt werden.

DATENBANK

ZUGEHÖRIGKEIT: Separatisten
TYP: B2-Superkampfdroide
HERSTELLER: Baktoid Kampfautomaten
GRÖSSE: 1,93 m
AUFTRETEN: II, III, CW
SIEHE AUCH: Kampfdroide

Furchtlose Droiden
Superkampfdroiden sind nicht gut darin, Angriffspläne zu schmieden. Doch das machen sie mit Furchtlosigkeit im Kampf wieder wett, wo sie Ziele meist völlig zerstören.

SY SNOOTLES
LEADSÄNGERIN DER MAX-REBO-BAND

SY SNOOTLES IST EINE Pa'lowick und Leadsängerin der Max-Rebo-Band, die in Jabbas Palast spielt. Snootles schloss sich nur unter der Bedingung der Band an, dass Rebo auch ihre gute Freundin Greeata Jendowanian als Tänzerin und Sängerin anheuert.

Pa'lowicks haben runde Körper, schlanke Glieder, Stielaugen und lange Stiellippen.

- Ausdrucksstarker Mund
- Kräftige Brust zum Schwimmen – und Singen!
- Einziehbare Reißzähne stehen aus zweitem Mund hervor.

In ihrem abenteuerlichen Leben war Snootles die Geliebte von Ziro dem Hutt und (in Jabbas Auftrag) auch seine Mörderin, als sie seine Grausamkeit erkannte. In Jabbas Palast arbeitet sie als Doppelagentin, die Widersachern Bib Fortunas Lügen auftischt.

- Hautfärbung als Tarnung in den Sümpfen ihrer Heimatwelt
- Mikrofonständer
- Nach vorn und hinten gerichtete Zehen zum Gehen in seichten Seen

Seltsamer Gesang

Weil Jabba Sy Snootles' Gesang gefällt, überschätzt sie ihr eigenes Talent maßlos. Als sich die Band nach Jabbas Tod auflöst, hat Snootles Schwierigkeiten, irgendwo ein großes Publikum zu erreichen, da ihr Gesang einfach zu seltsam ist.

DATENBANK

ZUGEHÖRIGKEIT: Jabbas Gefolge
HEIMATWELT: Lowick
SPEZIES: Pa'lowick
GRÖSSE: 1,60 m
AUFTRETEN: VI, CW
SIEHE AUCH: Max Rebo, Greeata

TARFFUL
WOOKIEE-HÄUPTLING

TARFFUL IST OBERHAUPT der Wookiee-Stadt Kachirho. Als die Separatistentruppen auf seinem Planet Kashyyyk einmarschieren, plant Tarfful gemeinsam mit Chewbacca und den Jedi Yoda, Luminara Unduli und Quinlan Vos, wie sie die Eindringlinge zurückschlagen.

Tarfful und Chewbacca helfen Yoda nach der Order 66, in einer versteckten Rettungskapsel zu fliehen.

- Beim Kriegsschrei entblößte Zähne
- Dekorative Schulterplatte
- Kugelzünder
- Langgewehr

DATENBANK
ZUGEHÖRIGKEIT: Republik
HEIMATWELT: Kashyyyk
SPEZIES: Wookiee
GRÖSSE: 2,34 m
AUFTRETEN: III, CW
SIEHE AUCH: Chewbacca

Wookiee-Angriff
Tarfful ist ein besonnener Wookiee, der sich, falls nötig, als mächtiger Krieger erweist. Er führt gewagte Angriffe auf die amphibischen Panzerdroiden der Separatisten an.

Tarfful wurde einst von trandoshanischen Sklavenjägern gefangen, die seit langem Feinde der Wookiees sind. Als Klontruppen ihn befreiten, schwor Tarfful, jeden zu bekämpfen, der sein Volk versklaven oder den Planeten erobern will.

- Dicke Wadenmuskeln vom Klettern auf Bäumen
- Fell schützt Fußrücken

TAUNTAUN
SCHNEEECHSEN VON HOTH

TAUNTAUNS SIND SCHNEEECHSEN, die den Eisplaneten Hoth bewohnen. Sie können ihre Körperfunktionen bis zum Stillstand verlangsamen, um besonders kalte Nächte zu überleben. Tauntauns dienen den Rebellen der Echo-Basis als Reittiere, da sie bei Stürmen und extremer Kälte zuverlässiger sind als Patrouillenfahrzeuge.

Han Solo hält den verletzten Luke Skywalker mit seinem toten Tauntaun warm, bis Hilfe eintrifft.

Hörner für Revierkämpfe

Harte Lippen zum Abschaben von Flechten

Missionen
Luke Skywalker und Han Solo ritten bei Patrouillen auf Tauntauns. Sie sollten um die Echo-Basis ein Netzwerk von Lebensformsensoren errichten.

Tauntauns
sind gehorsame und robuste Reittiere, doch sie sondern dickflüssiges, übel riechendes Körperfett ab. Patrouillenreiter lernen, es zu ignorieren, und konzentrieren sich auf Spuren imperialer Truppen.

DATENBANK
HEIMATWELT: Hoth
GRÖSSE: 1,30 – 2,00 m
ERNÄHRUNG: Allesfresser
LEBENSRAUM: Schneeebenen
AUFTRETEN: V
SIEHE AUCH: Luke Skywalker

TEEBO
EWOK-MYSTIKER

DER EWOK TEEBO ist Sterndeuter und Poet. Er hat eine mystische Verbindung zu Naturkräften. Scharfe Wahrnehmung und praktisches Denken haben Teebo zu einem Anführer innerhalb seines Stammes werden lassen.

Teebo schließt sich mit den anderen Ewoks den Rebellen an, um die imperiale Armee auf Endor zu besiegen.

- Befehlsstab
- Churi-Federn
- Gurreck-Schädel als Kopfschmuck
- Jagdmesser
- Gestreiftes Fell

Teebo hat, während er in seinem Stamm aufwuchs, zahlreiche Abenteuer erlebt, ehe er ein Schüler des Stammesschamanen Logray wurde. Er hat den Umgang mit Ewok-Magie erlernt und hofft, eines Tages selbst Schamane zu werden.

DATENBANK
ZUGEHÖRIGKEIT: Republik/Rebellenallianz
HEIMATWELT: Endor
SPEZIES: Ewok
GRÖSSE: 1,00 m
AUFTRETEN: VI
SIEHE AUCH: Logray

Aggressiver Start
Als Teebo Han Solo und seinen Gefährten begegnet, misstraut er ihnen. Als R2-D2 von den Fesseln befreit wird, verpasst er Teebo einen Stromschlag in den Hintern!

TEN NUMB
B-FLÜGLER-PILOT

DER SULLUSTANER Ten Numb fliegt in der Schlacht von Endor einen B-Flügler. Seine Staffel Blau nimmt heroisch Darth Vaders Flaggschiff, die *Executor*, mit ihren Lasern unter Beschuss und lenkt so das imperiale Feuer vom Rest der Rebellenflotte ab.

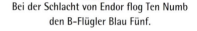

Bei der Schlacht von Endor flog Ten Numb den B-Flügler Blau Fünf.

- Isolierter Helm
- Schutzweste
- Brustbox-Gurte
- Ausrüstungsgeschirr

DATENBANK

ZUGEHÖRIGKEIT: Rebellenallianz
HEIMATWELT: Sullust
SPEZIES: Sullustaner
GRÖSSE: 1,50 m
AUFTRETEN: VI
SIEHE AUCH: Luke Skywalker

Spitzenpilot

B-Flügler gehören zu den größten und bestbewaffneten Raumschiffen der Rebellenflotte. Der Hauptflügel kann sich ums Cockpit drehen, sodass der Pilot immer aufrecht bleibt. Nach der Schlacht von Endor wird Ten Numb Führer der Staffel Blau. Er hilft, die Feuer auf dem Waldmond zu löschen, die durch herabstürzende Trümmer der Kampfstation ausgelöst wurden. Dazu fliegt er einen mit Sprühdüsen ausgestatteten B-Flügler.

Sullustaner
sind Humanoide vom Planeten Sullust im Äußeren Rand. Sie besitzen große, schwarze Augen, vorstehende Wangenlappen und große Ohren. Bevor sich Ten Numb der Allianz anschloss, war er Kopfgeldjäger und Sprengstoffexperte.

TESSEK
JABBAS QUARREN-BUCHHALTER

TESSEK IST IN JABBAS PALAST als Buchhalter des Hutts angestellt. Doch seine Loyalität zu Jabba ist nur ein Deckmantel. Hinter dem Rücken des Verbrecherlords plant Tessek, ihn zu töten und seine Geschäfte zu übernehmen. Allerdings ahnt er, dass Jabba von diesen Plänen weiß.

Die Quarren sind eine von mehreren wasserbewohnenden Spezies des Planeten Mon Calamari.

- Finger mit Saugnäpfen
- Hörorgane
- Bewegliche Mundtentakel
- Feuchtigkeitsspeichernde Robe

DATENBANK

ZUGEHÖRIGKEIT: Jabbas Gefolge
HEIMATWELT: Mon Calamari
SPEZIES: Quarren
GRÖSSE: 1,80 m
AUFTRETEN: VI
SIEHE AUCH: Jabba der Hutt

Gut geplant

Tessek plant, Jabbas Segelbarke mit einer Bombe in die Luft zu jagen. Darum wird er sehr nervös, als Jabba ihn drängt, am Ausflug zur Grube von Carkoon teilzunehmen. Tessek flieht mit einem Düsenschlitten, entkommt jedoch nicht den B'omarr-Mönchen, die finden, dass ihm das Hirn aus dem Körper entfernt werden sollte.

Tessek ist ein Quarren vom Planet Mon Calamari. Er war in der galaktischen Politik aktiv, bis das Imperium sein Volk versklavte. Er versteckte sich auf Tatooine, wo er bei den Hutt-Gangstern seine finanziellen Talente gewinnbringend nutzen konnte.

TIE-JÄGER-PILOT
IMPERIALE PILOTEN

TIE-JÄGER-PILOTEN sind eine Elitegruppe der imperialen Flotte. In ihren schwarzen Anzügen konzentrieren sie sich ganz auf ihre Mission und die Zerstörung ihrer Ziele, selbst, wenn dies ihren eigenen Tod bedeutet.

Zielsuchsysteme und Flugsteuerung eines TIEs sind allem überlegen, was die Rebellen zu bieten haben.

- Verstärkter Flughelm
- Sauerstoffzufuhrschlauch
- Lebenserhaltungseinheit
- Vakuumanzug
- Energieschutzstoff

Kampfpiloten
sind sehr stolz auf ihre TIE-Jäger, obwohl die Schiffe weder Deflektorschilde noch Hyperantrieb, Notausstieg oder Lebenserhaltung besitzen. TIE-Piloten betrachten all diese Dinge als Hilfsmittel eines Feiglings.

Uniform
Das Imperium hält TIE-Jäger-Piloten in ständiger Alarmbereitschaft, damit sie jederzeit kampfbereit sind. Sie tragen verstärkte Flughelme mit Atemschläuchen, die an eine Lebenserhaltungseinheit angeschlossen sind. Nur durch ihre in sich geschlossenen Fluganzüge bleiben die Piloten in ihren Schiffen im All am Leben.

DATENBANK
ZUGEHÖRIGKEIT: Imperium
SPEZIES: Mensch
STANDARDVEHIKEL: Sternenjäger der TIE-Serie
AUFTRETEN: IV, V, VI
SIEHE AUCH: AT-AT-Pilot

TION MEDON
RAUMHAFENVERWALTER VON PAU-STADT

TION MEDON IST LEITER der Raumhafenverwaltung von Pau-Stadt auf Utapau. MagnaWächter haben seine Komiteemitglieder getötet, und die Separatistenanführer nutzen seine Welt als temporären Unterschlupf.

Utapau ist sturmumtost und öde. Die Bewohner leben in Städten in riesigen Schlundlöchern.

DATENBANK

ZUGEHÖRIGKEIT: Republik
HEIMATWELT: Utapau
SPEZIES: Pau'aner
GRÖSSE: 2,06 m
AUFTRETEN: III
SIEHE AUCH: Pau'aner-Krieger

Breiter Gürtel stützt knochigen Körper.

Graue, gefurchte Haut durch Lichtmangel in Schlundlöchern

Gehstock des Hafenmeisters

Beteuerungen

Als der Jedi Obi-Wan Kenobi in Pau-Stadt auf Utapau landet, beteuert Tion Medon, dass nichts Merkwürdiges vorgefallen sei. Doch als Kenobis Schiff betankt wird, flüstert er ihm zu, dass Separatisten die Kontrolle übernommen haben.

Tion Medon ist ein Nachfahre von Timon Medon, der Utapau einst einte. Wie alle Pau'aner zieht Tion die Dunkelheit dem Sonnenlicht vor und mag sein Fleisch lieber roh als gekocht.

Bodenlange Roben sind neue Mode.

TUSKEN-RÄUBER
WILDE NOMADEN VON TATOOINE

TUSKEN-RÄUBER SIND die wilden Nomaden Tatooines. Diese Sandleute streiten mit den menschlichen Siedlern um das kostbare Wasser des Wüstenplaneten und überleben auch in Gegenden, wo es niemand sonst könnte. Tusken-Räuber entführen Anakin Skywalkers Mutter Shmi und verschleppen sie in ihr Lager.

Anakin Skywalker lässt seinen Rachedurst an den Bewohnern des Tusken-Lagers aus.

Lautlose Angreifer

Sandleute sind oft größer als Menschen, dennoch verschmelzen sie mit unheimlicher Leichtigkeit mit ihrer Landschaft. Manchmal plündern oder stehlen sie in den Randbezirken von Siedlungen. Nur das Geräusch des gefürchteten Kraytdrachen kann sie verscheuchen.

- Gaderffii-Stock aus geplündertem Metall
- Gläser zum Schutz der Augen
- Feuchtigkeitssammler
- Dicker Wüstenmantel

Sandleute tragen schwere Kleidung, um sich vor den heißen Sonnen des Planeten zu schützen. Sie verbergen ihre Gesichter hinter Kopfbandagen. Ihre traditionelle Waffe ist eine Gaderffii- oder Gaffi-Stock genannte Axt.

DATENBANK

ZUGEHÖRIGKEIT: keine
HEIMATWELT: Tatooine
SPEZIES: Tusken
GRÖSSE: 1,80 m
AUFTRETEN: I, II, IV
SIEHE AUCH: Bantha

UGNAUGHT
SCHWEINEARTIGE SPEZIES DER WOLKENSTADT

UGNAUGHTS WURDEN VOR langer Zeit von ihrem Heimatplaneten Gentes in die Sklaverei verkauft. Der exzentrische Entdecker Lord Ecclessis Figg setzte drei Ugnaught-Stämme beim Bau der Wolkenstadt auf Bespin ein. Als Gegenleistung schenkte er ihnen in der Stadt die Freiheit.

Ugnaughts verrichten die oft gefährliche Arbeit der Gewinnung und Weiterverarbeitung von Tibannagas.

- In Blutduellen eingesetzte Hauer
- Kapitänsstreifen
- Pilotenhandschuhe
- Untersetzter, für lange Arbeitszeiten geeigneter Körper.
- Teure Kampfstiefel

Zumindest ein Ugnaught suchte jenseits von Bespin sein Glück: Yoxgit machte mit illegalen Tibannagasverkäufen an Waffenhändler ein Vermögen, ehe er auf Tatooine bei Jabba Arbeit fand.

Arbeiter in der Wolkenstadt

Ugnaught-Arbeiter sortieren in den Tiefen der Wolkenstadt Altmetall. Hier endet auch C-3PO, als er in Stücke geschossen wird. Die Ugnaughts haben in der ganzen Stadt ein Netzwerk aus rot beleuchteten Arbeitskorridoren und Tunneln errichtet, die meist nur für ihre eigene Spezies zugänglich sind.

DATENBANK

ZUGEHÖRIGKEIT: keine
HEIMATWELT: Gentes
SPEZIES: Ugnaught
UNGEFÄHRE GRÖSSE: 1,00 m
AUFTRETEN: V, VI, CW
SIEHE AUCH: Jabba der Hutt

UTAI
ARBEITER AUF UTAPAU

DIE STÄMMIGEN UTAI sind Arbeiter in den Schlundlöchern und Höhlen ihrer Heimatwelt Utapau. Sie richten Tiere ab und arbeiten auf den Landeplattformen des Planeten. Die hervorstehenden Augen bieten eine gute Nachtsicht, sodass sie sich auch im Dunkel der Felshöhlen zurechtfinden.

Utai-Mechaniker kümmern sich um Obi-Wan Kenobis Schiff, als er in Pau-Stadt landet.

Lange lebten nur die Utai in Utapaus Schlundlöchern, bis der Klimawandel die stolzen Pau'aner von der Planetenoberfläche vertrieb. Nun arbeiten beide Spezies zusammen und bilden eine friedliche Gesellschaft.

Augenstiel

Stummelige, vierfingrige Hand

Varactyldungstiefel

Uralte Talente

Das traditionelle Zuhause der Utai liegt in den Spalten der Schlundlöcher ihres Heimatplaneten. Vor langer Zeit lernten sie, durch Fütterung mit frischem Fleisch die fliegenden Dactillione zu zähmen. Ebenso zähmten sie die als Fortbewegungsmittel eingesetzten Varactyl-Echsen und kümmern sich bis heute um diese Drachenrösser.

DATENBANK

ZUGEHÖRIGKEIT: Republik
HEIMATWELT: Utapau
SPEZIES: Utai
GRÖSSE: 1,22 m
AUFTRETEN: III
SIEHE AUCH: Tion Medon

WAMPA
GEFRÄSSIGE EISKREATUR

RIESIGE WAMPA-EISMONSTER jagen Tauntauns und andere Kreaturen in den Schneeebenen von Hoth, wo ihr Heulen nachts mit dem eisigen Wind verschmilzt. Wampas sind Einzelgänger, doch sie tun sich zusammen, um menschliche Siedlungen zu überfallen. Die Rebellenbasis auf Hoth wird oft von ihnen attackiert.

Als Luke Skywalker wieder zu sich kommt, hängt er mit dem Kopf nach unten in einer Wampa-Höhle.

- Gebogene Hörner
- Maul mit Reißzähnen
- Tarnendes weißes Fell
- Tauntaunknochen
- Rasiermesserscharfe Klauen

DATENBANK
HEIMATWELT: Hoth
GRÖSSE: 3,00 m
ERNÄHRUNG: Fleischfresser
LEBENSRAUM: Schneeebenen
AUFTRETEN: V
SIEHE AUCH: Tauntaun

Das struppige, weiße Fell bietet Wampas in Hoths Schneelandschaft Wärme und Tarnung. Die gerissenen Raubtiere verfolgen ihre Beute, ehe sie sie mit einem Schlag ihrer starken Armen betäuben.

Hungrige Bestie
Wampas stillen ihren Hunger mit frisch erlegten Tauntauns. Menschenfleisch ist recht neu für Wampas, aber ein wahrer Leckerbissen.

WAT TAMBOR
VORSITZENDER DER TECHNO-UNION

WAT TAMBOR IST Vorsitzender der Techno-Union, eines mächtigen Unternehmens, das mit neuen Technologien gewaltige Profite einfährt. Er ist zudem im Vorstand der Baktoid Rüstungswerke, einem Waffenhersteller.

Darth Vader kennt auf Mustafar keine Gnade mit Wat Tambor.

Vokabulator/Lautsprecher

DATENBANK
ZUGEHÖRIGKEIT: Separatisten
HEIMATWELT: Skako
SPEZIES: Skakoaner
GRÖSSE: 1,93 m
AUFTRETEN: II, III, CW
SIEHE AUCH: Darth Vader, Boba Fett

Regler für Vokabulator

Um ein Haar
Wat Tambor kommt in den Klonkriegen mehrmals nur knapp mit dem Leben davon. Die Republik nahm ihn auf Metalorn gefangenen, und Boba Fett unternahm einem Attentatsversuch auf Xagobah. Da seine Heimatwelt Skako unter der Kontrolle der Republik steht, muss Tambor ganz auf die Separatistenanführer vertrauen.

Tambor verließ Skako in jungen Jahren und ging auf der rauen Industriewelt Metalorn in die Technologie-Branche. Aufgrund des einzigartigen Atmosphärendrucks verlassen nur wenige Skakoaner jemals ihre Heimat. Tambor muss einen Spezialanzug tragen, damit sein Körper in Standardatmosphäre nicht explodiert.

Prächtige Obertunika und Exo-Anzug

WATTO
TOYDARIANISCHER SCHROTTHÄNDLER

WATTO IST EIN SCHARFSINNIGER, fliegender Toydarianer und Inhaber eines Ersatzteilladens in Mos Eisley auf Tatooine. Er hat ein gutes Auge fürs Geschäft und gibt seine Gewinne bei Podrennen aus, wo er mit den Hutts wettet und Sklaven gewinnt – wie Anakin und Shmi Skywalker.

Watto besteht darauf, einen Ersatzteilhandel zu betreiben, doch die meisten nennen es Schrottladen.

- Flexible, rüsselartige Nase
- Stoppeliger Dreitagebart
- Dicker, größtenteils mit Gas gefüllter Bauch
- Codes für Hauptsafe und Sklavensicherung

Zufallsbegegnung
Als Watto einen Außenweltler trifft, der nach Ersatzteilen für einen Hyperantrieb sucht, wittert er Profit. Der Jedi Qui-Gon Jinn ahnt nicht, dass er in Wattos Laden auf den prophezeiten Auserwählten stoßen wird. Der Verlust von Anakin an den Jedi ist der Beginn einer Abwärtsspirale für Watto, der schließlich auch seine andere Sklavin Shmi verliert.

Watto war einst Soldat auf Toydaria, doch verließ den Planet, als er verwundet wurde. Auf Tatooine beobachtete er die Jawas beim Verkauf gebrauchter Waren und lernte einige Tricks, bevor er ein eigenes Geschäft aufmachte.

DATENBANK
ZUGEHÖRIGKEIT: Republik
HEIMATWELT: Toydaria
SPEZIES: Toydarianer
GRÖSSE: 1,37 m
AUFTRETEN: I, II
SIEHE AUCH: Qui-Gon Jinn, Anakin Skywalker, Shmi Skywalker

WICKET W. WARRICK
JUNGER EWOK-EINZELGÄNGER

WICKET W. WARRICK ist ein junger Ewok, dem der Ruf eines Einzelgängers anhaftet, und streift oft weit vom Dorf entfernt durch Endors Wälder. Wicket befindet sich auf einem dieser Ausflüge, als er Prinzessin Leia Organa begegnet. Er bringt sie in den Schutz seiner Baumsiedlung und vertraut ihr schnell.

Wickets Ortskenntnisse kommen den Rebellen beim Angriff auf die imperialen Truppen zugute.

DATENBANK
ZUGEHÖRIGKEIT: Republik
HEIMATWELT: Endor
SPEZIES: Ewok
GRÖSSE: 0,80 m
AUFTRETEN: VI
SIEHE AUCH: Prinzessin Leia, Teebo, Logray, Häuptling Chirpa

Der junge Wicket
hatte mit seinem besten Freund Teebo eine abenteuerliche Kindheit. Wicket war Schüler des Medizinmannes Logray, doch er war zu ungeduldig und sprach sich gegen Lograys finstere magische Rituale aus. Daher wandte dieser sich von Wicket ab und sorgte dafür, dass er sich im Dorf wie ein Außenseiter fühlt.

Freunde?
Da er sich mit Leia angefreundet hat, ist Wicket dafür, dass ihren Freunden nichts angetan wird, als sie eintreffen. Doch weil er ein Einzelgänger ist, hat er nur wenig Einfluss auf die Ältesten des Hellerbaumdorfs.

Kapuze
Dichtes Fell
Speer

X-FLÜGLER-PILOT
PILOTEN DER REBELLENALLIANZ

VIELE X-FLÜGLER-PILOTEN der Staffel Rot werden zu Legenden in der Allianz. Piloten wie Biggs Darklighter („Rot Drei"), Wedge Antilles („Rot Zwei") und Luke Skywalker („Rot Fünf") sind entscheidend bei der Zerstörung des ersten Todessterns.

Biggs Darklighter, Lukes Freund seit Kindertagen, nimmt am Angriff auf den ersten Todesstern teil.

- Lebenserhaltungseinheit
- Isolierter Helm
- Allianz-Symbol
- Ausrüstungstasche
- Gerätegeschirr
- Signalgeschosse

Die Staffel Rot
fliegt T-65-X-Flügel-Jäger. Diese sind mit einem Sockel für Astromechdroiden, Laserkanonen mit hoher Reichweite und einigen Protonentorpedos ausgestattet.

Wedge Antilles
Wedge Antilles stammt von Corellia und ist einer von zwei X-Flügler-Piloten, die die Schlacht von Yavin überleben – der andere ist Luke Skywalker. Bei der Schlacht von Hoth fliegt Antilles einen Schneegleiter, und bei der Schlacht von Endor ist er Anführer der Staffel Rot.

DATENBANK
ZUGEHÖRIGKEIT: Rebellenallianz
SPEZIES: Mensch
STANDARDVEHIKEL: X-Flügler
AUFTRETEN: IV
SIEHE AUCH: Luke Skywalker

YADDLE
JEDI-MEISTERIN

ALS MITGLIED DES JEDI-RATS ist Yaddle eher wortkarg, zeigt jedoch viel Mitgefühl und Geduld. Sie blickt zu Meister Yoda auf, da beide derselben Spezies angehören, auch wenn sie nur knapp halb so alt ist wie er (Sie ist erst 477!). Yaddle hat viele Jedi-Padawane ausgebildet, darunter das Ratsmitglied Oppo Rancisis.

Yaddle muss dabei helfen zu beurteilen, ob Qui-Gon Jinn bezüglich Anakin richtig liegt.

DATENBANK
ZUGEHÖRIGKEIT: Jedi
HEIMATWELT: unbekannt
SPEZIES: unbekannt
GRÖSSE: 0,61 m
AUFTRETEN: I
SIEHE AUCH: Yoda, Oppo Rancisis

Yaddle ist eine der wenigen Jedi, die Morichro anwenden dürfen. Diese uralte Machtkunst ermöglicht es, die Körperfunktionen eines Feindes rasant zu verlangsamen – bis hin zum Tod.

Jugendlicher Haarknoten

Wohlgeformte Ohren

Körper und Geist
Yaddle widmet ihren akademischen Interessen viel Zeit und ist oft im Jedi-Archiv. Sie war aber auch im Feldeinsatz aktiv. Auf ihrer letzten Mission arbeitet sie mit Obi-Wan Kenobi und Anakin Skywalker zusammen. Sie opfert sich, um die Bewohner von Mawan zu schützen, indem sie mit der Macht eine tödliche biologische Waffe absorbiert.

YARAEL POOF
QUERMIANISCHER JEDI-MEISTER

JEDI-MEISTER YARAEL POOF ist zu Zeiten der Naboo-Krise und des Ausbruchs der Klonkriege ein Mitglied des Hohen Rats. Er ist Meister spezieller Jedi-Gedankentricks, die er einsetzen kann, um Konflikte zu einem bestimmten Ende zu bringen.

Poof hat eine schelmische Ader und spielt seinen Gefährten gern mit Gedankentricks Streiche.

DATENBANK
ZUGEHÖRIGKEIT: Jedi
HEIMATWELT: Quermia
SPEZIES: Quermianer
GRÖSSE: 2,64 m
AUFTRETEN: I
SIEHE AUCH: Obi-Wan Kenobi, Qui-Gon Jinn

Langgezogener Hals

Traditioneller quermianischer Cannom-Kragen

Robe verbirgt zweites Armpaar und Brust mit unterem Gehirn.

Selbstloser Jedi
Yarael Poof ist geschickt mit dem Lichtschwert und hat unglaubliche Manöver perfektioniert, die nur dank seiner rückgratlosen Anatomie machbar sind. Er lässt sein Leben, als er die Milliarden Bewohner Coruscants vor einem uralten Relikt schützt, das von einem gefährlichen Revolutionär eingesetzt wird.

Quermianer
haben lange Hälse und Gliedmaßen sowie ein zweites Paar Arme, das Poof unter der Jedi-Robe verbirgt. Sie besitzen keine Nase, da sie Gerüche durch olfaktorische Drüsen in ihren Händen wahrnehmen. Quermianer haben zwei Gehirne – ein oberes im Kopf und ein unteres in der Brust.

YARNA
ASKAJIANISCHE TÄNZERIN IN JABBAS PALAST

YARNA D'AL GARGAN ist seit Jahren Tänzerin in Jabbas Palast. Sie ist die Tochter eines askajianischen Stammeshäuptlings, wurde jedoch versklavt und auf Tatooine an Jabba verkauft. Eine von Jabbas Launen ist es, Yarna zum Tragen spezieller Schminke zu zwingen, damit sie seiner Mutter ähnelt.

Yarna gibt zu Jabbas Vergnügen sehr exotische Tänze zum Besten.

Fülliger Körper soll Hutts ähneln.

Schminke verbirgt Yarnas wahre Schönheit.

Auf Askaji war Yarna verheiratet und hatte vier Kinder. Sie tanzte nur zur Ehre ihres Stamms. Nachdem Jabba sie und ihre Familie gekauft hatte, verfütterte er ihren Mann Nautag an seinen Rancor, weil er ihm nicht gehorchte. Die Kinder blieben im Stadthaus in Mos Eisley.

Bessere Zukunft

Yarna hasst Jabba, hat sich aber mit einigen Stammgästen angefreundet. Nach dem Tod des Hutts entflieht sie dem verhassten Palast und trifft ihre geliebten Kinder wieder. Später tanzt sie auf der Hochzeit von Han Solo und Leia Organa!

Stammesrock

DATENBANK

ZUGEHÖRIGKEIT: Jabbas Gefolge
HEIMATWELT: Askaji
SPEZIES: Askajianerin
GRÖSSE: 1,50 m
AUFTRETEN: VI
SIEHE AUCH: Jabba der Hutt

YODA
LEGENDÄRER JEDI-MEISTER

YODA IST EINER DER MÄCHTIGSTEN Jedi aller Zeiten und fast 900 Jahre alt. Er diente der Galaktischen Republik auf dem Höhepunkt ihrer Macht und auch während ihres Verfalls bis hin zum Ende. Yoda ist einer der wenigen Jedi, die die Klonkriege überleben, wonach er sich nach Dagobah zurückzieht.

Auf Dagobah bildet Yoda Luke Skywalker aus, seinen letzten Schüler und die letzte Hoffnung der Galaxis.

Nachdenklicher Gesichtsausdruck

Kopf ist seit Jahrhunderten fast kahl.

Schlichte Robe

DATENBANK

ZUGEHÖRIGKEIT: Jedi
HEIMATWELT: unbekannt
SPEZIES: unbekannt
GRÖSSE: 0,66 m
AUFTRETEN: I, II, III, V, VI, CW
SIEHE AUCH: Luke Skywalker

Yoda hat Hunderte Jedi in den Ritterstand geführt und zahllose Welten besucht. Er empfindet leise Befriedigung ob seiner Fähigkeit, Konflikte gewaltlos zu lösen. Allerdings mindert das Erstarken der Dunklen Seite das Vertrauen, das andere in ihn setzen.

Sith-Zorn
Als Yoda erkennt, dass die Klonkriege nichts weiter waren als eine Manipulation durch die Sith, um den Jedi-Orden zu vernichten, stellt er sich Palpatine. Doch nicht einmal die unglaubliche Stärke und das Tempo des kleinen Jedi können es mit dem Hass eines Sith-Lords aufnehmen.

YUZZUM
MUSIKALISCHE ALIENS VON ENDOR

YUZZUM SIND PELZIGE Fremdweltler mit langen, dürren Gliedern. Sie teilen sich den Waldmond von Endor mit den Ewoks. Yuzzum sprechen eine melodische Sprache, was sie zu geborenen Sängern macht. In Jabbas Palast leben zwei Yuzzum: der Sänger Joh Yowza und der Scharfschütze Wam Lufba (Spitzname „Bumm").

Wam Lufba behält die merkwürdigen Neuankömmlinge in Jabbas Palast im Auge.

- Nasenorgane können Geräusche riechen.
- Verfilztes Fell
- Blastergewehr
- Waldstiefel

DATENBANK
ZUGEHÖRIGKEIT: Jabbas Gefolge
HEIMATWELT: Endor
SPEZIES: Yuzzum
GRÖSSE: 1,40 m
AUFTRETEN: VI
SIEHE AUCH: Jabba der Hutt

Sänger
Joh Yowza singt in der Max-Rebo-Band in Jabbas Palast. Yowza wurde auf Endor von den anderen ausgeschlossen, weshalb er sich zurückzog und zu singen begann. Er bekam die Gelegenheit, den Planeten zu verlassen, und wurde Sänger in einer Band. Nach Jabbas Tod gründet er mit Rystáll Sant und Greeata Jendowanian eine neue Gruppe.

Wam Lufba ist ein Kammerjäger, den es in Jabbas Palast verschlägt. Jabba wurde auf Lufba aufmerksam, als der sich aus der Rancor-Grube freischoss. Tief beeindruckt machte Jabba ihn zu einem seiner Schergen. Er und Joh Yowza wurden zu besten Freunden.

ZAM WESELL
GESTALTWANDELNDE ATTENTÄTERIN

ZAM WESELL IST EINE Auftragskillerin mit besonderer Eigenschaft: Als Clawditin kann sie ihr Aussehen verändern und andere Spezies nachahmen. Einige Jahre lang arbeitete Zam mit dem berühmten Kopfgeldjäger Jango Fett zusammen.

In ihrer wahren Clawditengestalt ist Zam Wesell eine reptilienartige Humanoide.

Zam Wesell wurde auf Zolan geboren, dem Heimatplaneten der Mabari, einem uralten Kriegerorden. Die Mabari bildeten Zam aus, bis ihr Verlangen nach Reichtum sie in die riesige Metropole Denon führte, wo sie ihre Talente als Attentäterin einsetzte.

Kleidung ist elastisch für das Gestaltwandeln.

Direkt mit der Lunge verbundenes Atemgerät

KYD-21-Blaster

Energiezerstreuender Rock

DATENBANK

ZUGEHÖRIGKEIT: Kopfgeldjäger
HEIMATWELT: Zolan
SPEZIES: Clawditin
GRÖSSE: 1,68 m
AUFTRETEN: II
SIEHE AUCH: Jango Fett

Luftgleiterjagd

Zam Wesell stiehlt für Aufträge oft fremde Fahrzeuge. Wenn es darauf ankommt, schnell zu verschwinden, benutzt sie jedoch ihren eigenen Luftgleiter. Als Zam für Jango Fett den Auftrag übernimmt, Senatorin Amidala zu töten, flüchtet sie vor zwei Jedi, die sie in einem geborgten Flitzer verfolgen.

Stiefel passen sich einer Vielzahl von Beinformen an.

ZETT JUKASSA
JEDI-PADAWAN

ZETT JUKASSA IST DER Padawan von Jedi-Ritter Mierme Unill. Zett zeigt Talent im Umgang mit dem Lichtschwert, vernachlässigt aber auch nicht seinen Geist. Er ist häufig im Jedi-Archiv des Tempels auf Coruscant zu finden.

Während des verheerenden Überfalls auf den Jedi-Tempel verteidigt Zett sich tapfer.

- Kurzes Haar eines Padawanschülers
- Langer Schülerzopf

Zetts Eltern schickten ihn wegen seines großen Machtpotenzials schon als Baby in den Jedi-Tempel. Zett besitzt die Gabe der Voraussicht und hat Visionen seiner Eltern und seiner Heimatwelt, obgleich er beide nie kennenlernte.

- Mehrzweckgürtel
- Nur beim Training getragene Jedi-Tunika
- Trainingsstiefel

Niedergeschossen

Zett ist im Jedi-Tempel, als Darth Vader und seine Klontruppen dort ein Massaker anrichten. Er kämpft tapfer und streckt viele Klonsoldaten nieder. Es gelingt ihm fast, sich zu Bail Organas Gleiter durchzuschlagen, doch bevor er den Senator erreicht, wird er von Sergeant Fox erschossen.

DATENBANK

ZUGEHÖRIGKEIT: Jedi
HEIMATWELT: Mon Gazza
SPEZIES: Mensch
GRÖSSE: 1,57 m
AUFTRETEN: II, III
SIEHE AUCH: Bail Organa, Klonsoldat (Phase II)

ZUCKUSS
GAND-KOPFGELDJÄGER

ZUCKUSS IST EIN INSEKTOIDER GAND, der als Kopfgeldjäger oft mit dem Droiden 4-LOM zusammenarbeitet. Er ist unermüdlich und bedient sich Machtfähigkeiten sowie den jahrhundertealten mystischen Finder-Traditionen seines nebelumhüllten Heimatplaneten Gand.

Zuckuss ist bekannt für seine Aufspürfähigkeiten und als Kopfgeldjäger sehr gefragt.

DATENBANK

ZUGEHÖRIGKEIT: Kopfgeldjäger
HEIMATWELT: Gand
SPEZIES: Gand
GRÖSSE: 1,50 m
AUFTRETEN: V
SIEHE AUCH: 4-LOM

- Facettenaugen
- Ammonium-Atemmaske
- Ganzkörpermantel eines Finders
- Schwere Kampfrüstung unter dem Mantel
- Beatmungseinheit

Zuckuss atmet nur Ammonium und trägt in sauerstoffbasierter Atmosphäre ein Atemgerät. Als sich die Finder-Tradition auf seiner Heimatwelt verlor, verließ er als einer der Ersten den Planeten. Nun setzt er seine besonderen Talente lukrativ bei der Kopfgeldjagd ein.

Dynamisches Duo

Zuckuss' Fähigkeiten machen viele Kopfgeldjäger nervös. Nicht so 4-LOM, mit dem er oft zusammenarbeitet. Die beiden sind ein großartiges Team, was auch Darth Vader nicht verborgen bleibt. So heuert er sie an, um die Rebellenallianz zu infiltrieren und den *Falken* zu finden.

REGISTER

2-1B 4
4-LOM 5, 205
8D8 6

A

Ackbar, Admiral 10, 77
Acklay 8
Allie, Stass 9, 54, 178
Amedda, Mas 39, 115
Amidala, Padmé 14, 17 29, 34,
    37, 38, 39, 41, 57, 81, 99,
    122, 123, 125, 132, 133,
    141, 146, 148, 158, 169,
    170, 174, 180, 203
Antilles, Captain 35
Antilles, Wedge 197
Apailana, Königin 146
Arana, Koffi 32
Argente, Passel 135
Astromechdroiden 6, 33, 61,
    69, 74, 91, 108, 148, 149,
    150, 151, 185
AT-AT-Pilot 15
AT-ST-Pilot 16
A-Flügler-Pilot 18

B

Baba, Ponda 63, 143
Bacara, Commander 50, 102
Bantha 21
Bibble, Sio 174
Billaba, Depa 60
Binks, Jar Jar 49, 99, 130,
    138, 163
Bly, Commander 51
Boga 28
B'omarr-Mönche 19, 95, 187
Bossk 30
Bouri, Omo 160
Boushh 31
Boxendroide 138
Buzz-Droide 33

C

C-3PO 6, 34, 40, 42, 61, 69,
    74, 107, 108, 144, 161
Calrissian, Lando 75, 106,
    107, 124, 157
Chewbacca 16, 31, 40, 86,
    107, 108, 177, 183
Chirpa, Häuptling 42, 108
Chalmun 71
Cody, Commander 52, 127
Colo-Klauenfisch 49
Cordé 38
Cracken, General 75
Crumb, Salacious 161
Crynyd, Arvel 18

D

Dactillion 136, 192
D'an, Figrin 71
Darklighter, Biggs 197
Dodonna, Jan 97

Dooku, Count 48, 55, 76,
    80, 101, 110, 113, 137,
    141, 162, 173
Drallig, Cin 43
Droideka 64
Droiden
    2-1B 4
    4-LOM 5, 205
    8D8 6
    Astromech siehe Astro-
        mechdroiden
    Boxendroide 138
    Buzz-Droide 33
    C-3PO 34
    Droideka 64
    Droidenpilot 137
    Energiedroide 6, 144
    EV-9D9 69
    Feuerhageldroide 85
    FX-Medidroide 72
    GH-7-Medidroide 81
    GNK („Gonk") 144
    IG-88 89
    Kampfdroide 24
    Krabbendroide 56
    MagnaWächter 113
    Medidroide 4, 72, 81
    MSE-Droide („Mausdroide")
        91
    Octuptarra-Droide 127
    OOM-9 129
    Protokoll siehe Protokoll
        droide
    R2-D2 148
    R2-Q5 91
    R4-G9 149
    R4-P17 150
    R5-D4 151
    RA-7 91
    Sicherheitsdroide 168
    Sondendroide 92
    Spürspinnendroide 87
    Superkampfdroide 181
    Verhördroide 94
    Zwergspinnendroide 66

E

Energiedroide 6, 144
EV-9D9 69
Evazan, Doktor 63
Ewoks
    Chirpa, Häuptling 42
    Logray 108
    Teebo 185
    Warrick, Wicket W. 196

F

Fac, Sun 180
Fett, Boba 17, 27, 30, 89, 157,
    165, 194
Fett, Jango 46, 48, 51, 98,
    203
Feuerhageldroide 85
Figg, Lord Ecclessis 191
Fisto, Kit 7, 103

Folterdroide siehe
    Verhördroide
Fortuna, Bib 26, 128, 152, 161
FX-Medidroide 72

G

Gallia, Adi 9, 160, 178
Gamorreaner-Wache 73, 152
Garindan 74
Gasgano 140
Geonosianischer Soldat 80
GH-7-Medidroide 81
Giiett, Micah 32
Gree, Commander 53
Greeata 83, 157, 182, 202
Greedo 84
Grievous, General 28, 76, 127,
    136, 149, 162, 168
Gunray, Nute 125, 156, 173,
    174

H

Haako, Rune 156
Hill, San 162, 173
Hoth-Rebellensoldat 88

I

IG-88 89
Imperiale Droiden 91
Imperiale Ehrengarde 93
Imperiale Offiziere
    Jerjerrod, Moff 117
    Needa, Captain 36
    Ozzel, Admiral 11
    Piett, Admiral 12
    Tarkin, Großmoff 84
    Veers, General 79
Imperialer Suchdroide 92
Imperialer Würdenträger 90

J

Jabba der Hutt 5, 6, 19, 30, 31,
    65, 69, 71, 73, 83, 95, 96,
    106, 109, 114, 116, 119, 128,
    152, 157, 159, 165, 182,
    187, 191, 200, 202
Jamillia, Königin 37
Jawa 100, 132
Jedi
    Allie, Stass 178
    Arana, Koffi 32
    Billaba, Depa 60
    Bouri, Omo 160
    Drallig, Cin 43
    Fisto, Kit 7, 103
    Gallia, Adi 9
    Giiett, Micah 32
    Jinn, Qui-Gon 147
    Jukassa, Zett 204
    Kenobi, Obi-Wan 126
    Ki-Adi-Mundi102
    Kolar, Agen 13
    Koon, Plo 139
    Koth, Eeth 67

Nu, Jocasta 101
Offee, Barriss 23
Piell, Even 70
Poof, Yarael 199
Rancisis, Oppo 131
Secura, Aayla 7
Skywalker, Anakin 14
Skywalker, Luke 109
Swan, Bultar 32
Tano, Ahsoka 139, 170
Tiin, Saesee 160
Ti, Shaak 170
Trebor, Coleman 48
Unduli, Luminara 110
Vos, Quinlan 7, 183
Windu, Mace 112
Yaddle 198
Yarael Poof 199
Yoda 201
Jerjerrod, Moff 93, 117
Jettster, Dexter 62
Jinn, Qui-Gon 49, 57, 67,
    70, 99, 126, 130, 147,
    163, 168, 195, 198
J'Quille 95
Jukassa, Zett 204

K

Kabe 119
Kampfdroide 24, 66, 87, 127,
    129, 168, 181
Kee, Denaria 135
Kee, Neva 140
Kenobi, Obi-Wan 8, 14, 20,
    25, 28, 33, 43, 49, 52, 57,
    58, 62, 63, 68, 74, 76, 98,
    101, 113, 119, 120, 123,
    126, 130, 136, 141, 147,
    148, 149, 163, 168, 170,
    189, 198
Ki-Adi-Mundi 50, 102
Klonkommandanten
    Bacara 50
    Bly 51
    Cody 52
    Gree 53
    Neyo 54
Klonpilot 45
Klonsoldat (Phase I) 46, 47
Klonsoldat (Phase II) 47
Kolar, Agen 13
Königinnen von Naboo 37,
    133, 146, 174
Koon, Plo 32, 67, 139
Kopfgeldjäger
    4-LOM 5
    Bossk 30
    Boushh 31
    Fett, Boba 27
    Fett, Jango 98
    Greedo 84
    IG-88 89
    Sing, Aurra 17
    Wessel, Zam 203
    Zuckuss 5, 205
Koth, Eeth 13, 67

Krabbendroide 56
Kreaturen
  Acklay 8
  Bantha 21
  Boga 28
  Colo-Klauenfisch 49
  Dactillion 136, 192
  Opee-Killerfisch 130
  Rancor 152
  Reek 155
  Sando-Aquamonster 163
  Sarlacc 165
  Tauntaun 184
  Taurücken 61
  Varactyl 28, 192
  Wampa 193
  Weltraumschnecke 177
Kylantha, Königin 146

L

Lars, Aika 44, 132
Lars, Beru 25, 132
Lars, Cliegg 44, 132, 171
Lars, Owen 25, 44, 132
Leia, Prinzessin 20, 31, 35, 61, 78, 82, 86, 94, 95, 96, 107, 126, 145, 148, 177, 196
Lobot 107
Logray 108, 185, 196
Lufba, Wam 202

M

Madine, General 75, 77
MagnaWächter 113, 189
Mai, Shu 51, 173
Malakili 114
Mandrell, Ody 138
Maul, Darth 57, 147
Mawhonic 140
McCool, Droopy 65
Medon, Tion 189
Me, Lyn 83, 111
Modal Nodes 71
Moore, Sly 169, 175
Mothma, Mon 118
Muftak 119
Mustafarianer (Norden) 120
Mustafarianer (Süden) 121

N

Naboo-Wache 122
Nass, Boss 29
Needa, Captain 36
Neeyutnee, Königin 174
Nexu 123
Neyo, Commander 54
Nu, Jocasta 101
Numb, Ten 186
Nunb, Nien 75, 124

O

Octuptarra-Droide 127
Offee, Barriss 23
Oola 128
OOM-9 129
Opee-Killerfisch 130
Organa, Bail 20, 34, 35, 118
Organa, Breha 20
Ozzel, Admiral 11, 12

P

Palpatine 20, 22, 36, 39, 41, 52, 58, 76, 82, 90, 93, 99, 103, 104, 109, 112, 115, 118, 134, 135, 160, 168, 169, 172, 175, 178, 179, 201
Panaka, Captain 37, 38, 122, 174
Papanoida, Baron 22, 41, 84
Papanoida, Che Amanwe 22, 84
Papanoida, Chi Eekway 22, 41, 84
Papanoida, Ion 22
Pau'aner 136, 188, 192
Pau'aner-Krieger 136
Piell, Even 70
Piett, Admiral 11, 12
Pilot (Klon) 45
Pilot (Droide) 137
Podrennfahrer 138, 140, 167
Poggle der Geringere 141, 180
Polis Massaner 142
Poof, Yarael 199
Protokolldroiden 5, 6, 34, 40, 42, 61, 69, 74, 91, 107, 108, 144, 161

R

R2-D2 6, 33, 34, 61, 74, 108, 148, 185
R2-Q5 91
R4-G9 149
R4-P17 33, 149, 150
R5-D4 151
RA-7 91
Rancisis, Oppo 131, 198
Rancor 114, 128, 152, 202
Rappertunie 153
Rebellenallianz
  A-Flügler-Pilot 18
  Ackbar, Admiral 10
  Antilles, Captain 35
  Antilles, Wedge 197
  Calrissian, Lando 106
  Chewbacca 40
  Chirpa, Häuptling 42
  Cracken, General 75
  Darklighter, Biggs 197
  Dodonna, Jan 97
  Hoth-Rebellensoldat 88
  Leia, Prinzessin 145
  Logray 108
  Madine, General 77
  Mothma, Mon 118
  Numb, Ten 186
  Nunb, Nien 124
  Organa, Bail 20
  Rebellensoldat 154
  Rieekan, General 78
  Skywalker, Luke 109
  Solo, Han 86
  Teebo 183
  X-Flügler-Pilot 197
Rebellensoldat 88, 154
Rebo, Max 83, 111, 116, 153, 157, 202
Reek 155
Rieekan, General 78
Rystáll 83, 157, 202

S

Sabé 158
Saelt-Marae 159
Sai, Ko 104
Sando-Aquamonster 163
Sandleute siehe
  Tusken-Räuber
Sandtruppler 61, 164
Sarlacc 159, 165, 187
Schneetruppler 79, 176
Scouttruppler 166
Sebulba 167
Secura, Aayla 7, 51, 149
Separatisten
  Argente, Passel 135
  Buzz-Droide 33
  Dooku, Count 55
  Droideka 64
  Fac, Sun 180
  Geonosianischer Soldat 80
  Grievous, General 76
  Gunray, Nute 125
  Haako, Rune 156
  Hill, San 162
  Kampfdroide 24
  Krabbendroide 56
  MagnaWächter 113
  Mai, Shu 173
  Octuptarra-Droide 127
  OOM-9 129
  Poggle der Geringere 141
  Sicherheitsdroide 168
  Spürspinnendroide 87
  Tambor, Wat 194
  Zwergspinnendroide 66
Sidious, Darth 52, 103, 125, 134, 135, 141, 156, 160, 175 siehe auch Palpatine
Sifo-Dyas 105
Sing, Aurra 17, 30
Sith
  Maul, Darth 57
  Sidious, Darth 52, 103, 125, 134, 135, 141, 156, 160, 175
  Starkiller 170
  Tyranus, Darth 55, 76
  Vader, Darth 58
Sicherheitsdroide 168
Skywalker, Anakin 14, 17, 25, 34, 43, 44, 67, 70, 84, 112, 113, 120, 123, 126, 129, 132, 133, 141, 147, 170, 171, 180, 190, 195, 198
Skywalker, Luke 4, 25, 34, 58, 63, 72, 74, 108, 109, 114, 116, 119, 126, 128, 132, 148, 152, 165, 184, 197
Skywalker, Shmi 34, 44, 171, 190, 195
Sleazebaggano, Elan 68
Snit siehe McCool, Droopy
Snootles, Sy 83, 182
Solo, Han 31, 40, 74, 77, 84, 86, 106, 107, 108, 109, 116, 177, 184
Sondendroide, imperialer 92
Spürspinnendroide 87
Stoßtruppler 172
Sturmtruppler 25, 179
Su, Lama 105
Superkampfdroide 181
Swan, Bultar 32

T

Tambor, Wat 194
Tano, Ahsoka 139, 170
Tarfful 40, 183
Taria, Sei 169, 175
Tarkin, Großmoff 10, 84
Tauntaun 184
Taurücken 61
Teebo 185
Tessek 187
TIE-Jäger-Pilot 188
Tiin, Saesee 160
Ti, Shaak 170, 178
Todessternschütze 59
Trebor, Coleman 48
Tusken-Räuber 21, 44, 114, 171, 190
Typho, Captain 38
Tyranus, Darth 76 siehe auch Dooku, Count

U

Ugnaughts 191
Unduli, Luminara 23, 110, 183
Utai 192

V

Vader, Darth 4, 5, 11, 12, 18, 30, 32, 34, 35, 36, 43, 58, 72, 79, 92, 93, 94, 106, 107, 109, 117, 126, 132, 156, 170, 172, 186, 205
Valarian, Lady 95, 114
Valorum, Kanzler 39, 115, 169, 175
Varactyl 28, 192
Veers, General 79, 176
Ventress, Asajj 149
Verhördroide 94
Veruna, König 174
Vos, Quinlan 7, 183

W

Wampa 4, 193
Warrick, Wicket W. 196
Watto 44, 144, 147, 171, 195
Weltraumschnecke 177
Wesell, Zam 62, 203
Windu, Mace 60, 67, 103, 112, 178

X

Xizor 31
X-Flügler-Pilot 197

Y

Yaddle 131, 198
Yakfratze siehe Saelt-Marae
Yarna 200
Yoda 43, 70, 102, 109, 110, 147, 183, 198, 201
Yowza, Joh 202
Yoxgit 191
Yuzzum 202

Z

Zofe 38, 158
Zorba der Hutt 96
Zuckuss 5, 205
Zwergspinnendroide 66

IMPRESSUM

DORLING KINDERSLEY
London, New York, Melbourne, München und Delhi

Für Dorling Kindersley:
Redaktion Jo Casey
Gestaltung Jon Hall, Sandra Perry, Dan Bunyan, Rhys Thomas, Toby Truphet, Lynne Moulding
Chefbildredaktion Ron Stobbart
Cheflektorat Catherine Saunders
Art Director Lisa Lanzarini
Projektleitung Simon Beecroft
Programmleitung Alex Allan
Herstellung Sean Daly, Nick Seston

Für Lucasfilm:
Chefredaktion J.W. Rinzler
Hüter des Holocrons Leland Chee
Bildarchiv Tina Mills, Stacey Leong, Matthew Azeveda, Shahana Alam
Art Director Troy Alders
Programmleitung Carol Roeder

Für die deutsche Ausgabe:
Programmleitung Monika Schlitzer
Projektbetreuung Florian Bucher
Herstellungsleitung Dorothee Whittaker
Herstellung Anna Strommer

Bibliografische Information der Deutschen Bibliothek
Die Deutsche Bibliothek verzeichnet diese Publikation in der Deutschen Nationalbibliografie; detaillierte bibliografische Daten sind im Internet über http://dnb.ddb.de abrufbar.

Titel der englischen Originalausgabe:
Star Wars Character Encyclopedia

Copyright © 2011, 2012 Lucasfilm Ltd. and TM. Used under authorization. All rights reserved.

Gestaltung © Dorling Kindersley Limited, London, 2011, 2012
Ein Unternehmen der Penguin-Gruppe

© der deutschsprachigen Ausgabe by
Dorling Kindersley Verlag GmbH, München, 2012
Alle deutschsprachigen Rechte vorbehalten

Übersetzung Andreas Kasprzak
Lektorat Marc Winter
Satz Wolfgang Lehner

ISBN 978-3-8310-2037-9

Colour reproduction by MDP Ltd., UK
Printed and bound at TBB, Slovakia

Besuchen Sie uns im Internet
www.dorlingkindersley.de
www.starwars.com